Thomas Mathar
Der Weg zu Glück und Wohlstand
im 100-Jahre-Leben

*Wieder für Robbie und Tilda –
wie könnte es anders sein?*

Wir übernehmen Verantwortung! Ökologisch und sozial!
- Verzicht auf Plastik: kein Einschweißen der Bücher in Folie
- Nachhaltige Produktion: Verwendung von Papier aus nachhaltig bewirtschafteten Wäldern, PEFC-zertifiziert
- Stärkung des Wirtschaftsstandorts Deutschland: Herstellung und Druck in Deutschland

THOMAS MATHAR

Der Weg zu Glück und Wohlstand im 100-Jahre-Leben

Ein Leitfaden für
Finanz- und Lebensplanung

Externe Links wurden bis zum Zeitpunkt der Drucklegung des Buches geprüft.
Auf etwaige Änderungen zu einem späteren Zeitpunkt hat der Verlag keinen Einfluss.
Eine Haftung des Verlags ist daher ausgeschlossen.

Disclaimer: Die hier geäußerten Ansichten und Meinungen sind ausschließlich die des Autors und repräsentieren nicht die seines Arbeitgebers. Der Inhalt stellt keine Finanzberatung dar. Der Autor übernimmt keine Verantwortung für den finanziellen Erfolg oder Misserfolg, der aus der Nutzung dieser Informationen resultiert.

Ein Hinweis zu gendergerechter Sprache: Die Entscheidung, in welcher Form alle Geschlechter angesprochen werden, obliegt den jeweiligen Verfassenden.

Bibliografische Information der Deutschen Nationalbibliothek

Die Deutsche Nationalbibliothek verzeichnet diese Publikation in der Deutschen Nationalbibliografie; detaillierte bibliografische Daten sind im Internet über http://dnb.d-nb.de abrufbar.

ISBN 978-3-96739-209-8

Lektorat: Anja Hilgarth, Herzogenaurach
Umschlaggestaltung: Tina Mayer-Lockhoff, Berlin
Umschlagabbildung: AdobeStock #633114972 / OneLineStock
Illustrationen: Luisa Rachbauer
Autorenfoto: © privat
Satz und Layout: Das Herstellungsbüro, Hamburg | www.buch-herstellungsbuero.de
Druck und Bindung: Salzland Druck, Staßfurt

Copyright © 2024 GABAL Verlag GmbH, Offenbach

Alle Rechte vorbehalten. Vervielfältigung, auch auszugsweise, nur mit schriftlicher Genehmigung des Verlags. Der Verlag behält sich das Text- und Data-Mining nach § 44b UrhG vor, was hiermit Dritten ohne Zustimmung des Verlages untersagt ist.

Wir drucken in Deutschland.

www.gabal-verlag.de
www.gabal-magazin.de
www.facebook.com/Gabalbuecher
www.twitter.com/gabalbuecher
www.instagram.com/gabalbuecher

Inhalt

Vorwort von Dr. Daniel Crosby 9

Wie hätten Sie entschieden? 13

    Die Herausforderungen und Chancen des 100-Jahre-Lebens 17

    Bevor es losgeht: Finanzielle Unabhängigkeit vs. Financial Wellbeing 20

TEIL 1: DAS MONEY-MINDSET: DIE RICHTIGE HALTUNG ZU GELD

Die Buddenbrooks: aus ihren Fehlern lernen 25

    Finanziell frei, aber menschlich gescheitert 27

        Thomas Buddenbrook 27

        Christian Buddenbrook 29

        Tony Buddenbrook 32

        Hanno Buddenbrook 35

    ▶ Wegweiser 38

Financial Wellbeing: für ein langfristig glückliches Leben 43

    Ohne Geld geht es nicht 43

        Warum ein stabiles Einkommen wichtig ist 44

        Warum Finanzplanung wichtig ist 46

        Warum Liquidität wichtig ist 48

        Genial einfach: die 50-30-20-Faustregel 54

    ▶ Wegweiser 59

Die Balance im Kopf: das Money-Mindset 61

Von Einstellungen, Glaubenssätzen und emotionalen Reaktionen 62

Vom inneren Affen und von Verzerrungen 66

Vom Knappheitsdenken und von »Slack« 71

▶ Wegweiser 74

TEIL 2: EVOLUTION UND EMOTIONEN: DER RICHTIGE UMGANG MIT GELD

Steinzeitdenken: Warum uns der Umgang mit Geld so schwerfällt 82

Emotion und Vernunft damals wie heute 83

Die Erfindung des Geldes – ein Wendepunkt in der Menschheitsgeschichte 86

Vom Tauschhandel 87

... zum materiellen Gegenwert 88

Geldemotionen und die Kunst, sie zu meistern 90

▶ Wegweiser 96

Gewohnheitsdenken: Warum uns die eigene Altersvorsorge so schwerfällt

Das Konstrukt des Rentensystems und seine Probleme 100

Der Ruhestand und seine Herausforderungen 104

Vom Drei-Phasen- ins Multi-Phasen-Leben 107

Altern in unserer Gesellschaft 110

Frauen und das Altern, Gender und Gender-Wealth-Gap 113

Jugend vs. Alter 114

Altern in anderen Kulturen 116

Das neue Altern im 100-Jahre-Lebenszyklus 118

▶ Wegweiser 123

TEIL 3: SELBSTWISSEN: DER SCHLÜSSEL ZU GLÜCK UND WOHLSTAND IM 100-JAHRE-LEBEN

Das Glück im Alltäglichen: Erkennen, was wirklich zählt 131

   Das 100-Jahre-Lebensglück 134

      Ausgewogenheit im 100-Jahre-Lebensglück 134

      Glücksfallen umgehen 137

      Glück beim Geldausgeben und -verdienen 140

   Reflektiert bleiben in einer Welt voller Ablenkungen 144

      »Brauche ich das wirklich?« 146

      »Muss ich das wirklich wissen?« 149

      »Muss das Handy wirklich immer mit?« 151

   ▶ Wegweiser 154

Vorausschauend leben: Definieren, was wirklich zählt 158

   Die Verbindung zum zukünftigen Selbst 159

      Zukunftshürden in Szenarien überwinden 160

      Eine klare Vision von der Zukunft entwickeln 163

      Der Ansatz der »vorausschauenden Rückschau« 165

   ▶ Wegweiser 171

Zum Schluss ein Plan 174

Dank 187

Anmerkungen 189

Über den Autor 196

Vorwort von Dr. Daniel Crosby

Mein Job bei Orion Advisor Solutions ist es, Finanzberater dabei zu unterstützen, ihre Kunden nicht nur zu finanzieller Unabhängigkeit, sondern zu Financial Wellbeing zu führen. Daher habe ich mich sehr auf dieses Buch von Dr. Tom Mathar gefreut, seit er mich bei einem kürzlichen Besuch meines Sohnes und mir in Edinburgh auf die Idee ansprach. Die Verbindung von Geld und Sinn hat mich in letzter Zeit beschäftigt und Tom führt die Leser durch eine Reihe wichtiger Financial-Wellbeing-Konzepte, die sowohl Laien als auch erfahrene Praktiker verstehen und umsetzen können.

Ein Aspekt in »Der Weg zu Glück und Wohlstand im 100-Jahre-Leben«, der bei mir einen Nerv getroffen hat, ist die Tatsache, dass das frühere Arbeitsleben-Konstrukt auf den Kopf gestellt wurde. Denken Sie daran, dass, wie Tom kürzlich in meinem Podcast besprach, das Konzept des Geldmanagements seit Zehntausenden von Jahren existiert. Geld selbst wurde vor etwa 4000 Jahren erfunden. Aber erst in den letzten 150 Jahren haben wir die Vorstellung vom Ruhestand in der heutigen Form geschaffen. In Anbetracht dessen und der Tatsache, dass meiner Tochter, die dieses Jahr acht wird, eine 40-prozentige Chance prognostiziert wird, 100 Jahre alt zu werden, sehe ich Finanzen in einem anderen Licht. Zum Glück arbeiten wir schon lange nicht mehr, bis wir tot umfallen. Doch dies erfordert einen besseren Rahmen, um das Wohlbefinden während unseres (hoffentlich) langen Lebens zu maximieren – sowohl finanziell als auch innerlich. Dr. Mathar hat genau einen solchen Rahmen in dem Buch geschaffen, das Sie in Ihren Händen halten.

Mathar skizziert ein neues Multi-Stufen-Leben mithilfe der 50-30-20-Regel – ein einfaches, aber kraftvolles Prinzip, das die Bedeutung von Balance in der Finanzplanung betont. Die Regel konzentriert sich darauf, Geld für Bedürfnisse, Wünsche und Ersparnisse zuzuweisen. Auch wenn Tom und ich von unseren Eltern finanzielle Bildung erhalten haben, hilft mir die 50-30-20-Regel, Geld noch besser als Werkzeug für sowohl Sicherheit als auch Genuss zu betrachten.

Der Rahmen postuliert auch, dass Ruhestand nicht mehr ein klares Endziel ist, sondern eine von vielen Lebensübergängen, und wir wissen, dass Menschen nicht gerade eine Spezies sind, die Veränderungen lieben. Wenn ich auf mein Berufsleben zurückblicke, hatte ich bereits zwei sehr unterschiedliche Karrieren. Ich begann mein Berufsleben als klinischer Psychologe und arbeite nun seit über einem Jahrzehnt im Finanzwesen. Jetzt, in meinen Mittvierzigern, scheint es wahrscheinlich, dass ich noch ein paar weitere Karrieren vor mir habe. Selbst wenn Sie dies lesen und in Ihren Sechzigern oder darüber hinaus sind, beschreibt und lehrt Tom, wie jeder Lebensübergang das Potenzial hat, Sie zum Besseren zu verändern. Beim Lesen hielt ich oft inne, um darüber nachzudenken, dass Älterwerden als ein kontinuierliches Abenteuer und nicht als eine geistlose Plackerei zu sehen ist, um das nächste finanzielle Ziel zu erreichen.

Wie Sie gleich lesen werden, sollten wir alle eine zukunftsorientierte Denkweise entwickeln. Ich betrachte dies als eine Art Pre-Mortem – alle Dinge zu bewerten, die einen Plan scheitern lassen könnten, während man gleichzeitig an die schönen Dinge auf dem Weg denkt. Dr. Mathars zukunftsweisender Ansatz wird Sie dazu herausfordern, die konventionelle Weisheit der persönlichen Finanzen über Bord zu werfen und Ihre Einstellung zu Wohlstand und zu dem, was es bedeutet, wirklich erfolgreich zu sein und ein bedeutungsvolles Leben zu führen, zu überdenken.

Wenn Sie gerade am Beginn Ihrer Karriere stehen und erst beginnen, Rücklagen aufzubauen oder für ein anderes Ziel zu sparen, finden Sie hilfreiche budgetorientierte Tipps. Doch dieses Buch geht einen Schritt weiter. Da die finanziellen Lebensphasen immer verschwommener werden, bietet Tom eine Roadmap mit Handlungsschritten entlang des Weges. Er wird Sie sogar ein wenig quizzen. Ich glaube, dass auch die jüngere Generation von seinen Lehren und Geschichten profitiert, die zeigen, dass Glück und Wohlstand nicht irgendwelche weit entfernten potenziellen Errungenschaften sind, sondern im Hier und Jetzt verfügbar. Selbst wenn Sie älter sind und das Gefühl haben, bei den Rentenersparnissen hinterherzuhinken, positioniert Tom, dass das Erreichen der finanziellen Unabhängigkeit nicht der primäre Motivator sein sollte. Er glaubt, dass Financial Wellbeing für alle erreichbar ist, und ich denke, dass Sie diese Ansicht schätzen werden.

Der Wissenschaftler in mir war fasziniert davon, wie Dr. Mathar das Buch in drei Teile gliedert. Teil eins, inspiriert von Thomas Manns Buddenbrooks, weist auf die Gefahren des gängigen Reichtumstrebens hin. Teil zwei verbindet Geld in alten Zeiten mit den Komplexitäten moderner Finanzen. Teil drei führt die Leser dazu, die Freude im Alltag zu entdecken, in einer Welt voller Ablenkungen, die uns von der Zufriedenheit wegziehen.

Im Herzen von »Der Weg zu Glück und Wohlstand im 100-Jahre-Leben« steht Folgendes: Ihr Ziel sollte nicht darin bestehen, den Ruhestand zu erreichen, sondern alle Entscheidungen, Herausforderungen und Chancen, die Ihnen heute und in Zukunft begegnen, zu schätzen. Während Sie sich auf das Lesen einlassen, ermutige ich Sie, jedes Kapitel mit einem offenen Geist anzugehen und bereit zu sein, bestehende Überzeugungen und Annahmen über den Zweck von Geld infrage zu stellen. Toms Sorgfalt und Nachdenklichkeit haben meine eigene finanzielle Reise verbessert, und ich bin zuversichtlich, dass Sie bald dasselbe sagen können.

Dr. Daniel Crosby
Atlanta, GA, USA
30. April 2024

Wie hätten Sie entschieden?

Auf der Suche nach einem Augenarzt wären Sie sicherlich bei jemandem wie Dr. Ingmar Zöller gelandet. Seine Praxis in der Innenstadt Berlins war bei Patienten sehr beliebt. Im Internet gab es viele tolle Rezensionen.

Aber bei Dr. Zöller würden Sie heute keinen Termin mehr bekommen. Er hatte zwar viele Patienten. Und er war gut. Aber er war unzufrieden in seinem Job. Die Bürokratie und der Praxisalltag ... Es machte ihm keine Freude mehr. Im Gegenteil: Es bereitete Stress. Und so hängte er, mit Mitte 50, seinen Arztkittel an den Nagel, gab seine florierende Praxis auf und folgte seinem Kindheitstraum.[1]

Dr. Ingmar Zöller wurde S-Bahn-Fahrer in Berlin.

Ein Berufswechsel, ein Sprung ins neue Leben. Heute, so gibt er in einem Zeitungsinterview Preis, findet er seine größte Freude in den frühen Morgenstunden am Ostkreuz in Berlin. Dort öffnet er die Türen seiner S-Bahn. Sieht, wie die Menschen zur Arbeit strömen. Er fühlt sich als Teil eines größeren Ganzen. Dieser Moment, wenn er von seiner Fahrerkabine aus zusieht, gibt ihm ein Gefühl der Erfüllung.

Diese Entscheidung hat sich Ingmar Zöller sicher nicht leicht gemacht. Bestimmt hat er hin und her überlegt: *Gehe ich auf Nummer sicher und bleibe Augenarzt? Oder mache ich, was ich mir schon als Kind erträumte: etwas mit Zügen? Ich bin Mitte 50. Ich könnte bis zur Rente weitermachen, ein gutes Gehalt verdienen und im Ruhestand »etwas mit Zügen« machen. Aber was verpasse ich jetzt?*

Wie hätten Sie an Ingmars Stelle entschieden? Hätten Sie es genauso gemacht?

Dieses Buch handelt davon, dass wir alle heutzutage komplexe Entscheidungen treffen müssen.

Denn wir alle streben, auf der einen Seite, nach einem schönen und sinnvollen Leben. Wir suchen nach Momenten, Erfahrungen,

Aktivitäten und Dingen, die uns Befriedigung und Entspannung verschaffen. Aber auch nach Momenten, Erfahrungen, Aktivitäten und Dingen, die uns das Gefühl geben, nützlich, kompetent und wertvoll zu sein. Herauszufinden, was genau diesen Mix ausmacht, ist schwer genug.

Gleichzeitig sehnen wir uns, auf der anderen Seite, nach Stabilität und Sicherheit. Nach einem Dach über dem Kopf und der Gewissheit, dass wir und unsere Liebsten gut versorgt sind. Tatsache ist jedoch: Wir leben auch in einer Welt, die sich ständig und rapide wandelt. Technologische Fortschritte, sozioökonomische Veränderungen und globale Ereignisse. All dies beeinflusst unser Leben in einem bisher unbekannten Maße. Diese Dynamik erschwert unsere Abwägungen. Was heute als sicher gilt, kann morgen bereits überholt sein.

Das macht Lebens- und Finanzplanung schwer!

Im Kern kommen wir alle an den Punkt, an dem wir ähnlich abwägen wie Ingmar Zöller: Wie vereinbare ich das, was ich wirklich machen will, mit dem, was mir langfristig Sicherheit gibt? Lohnt sich mein unbefriedigender Job auf lange Sicht? Wäre mein Leben nicht schöner, wenn …?

Es gibt viele Gründe für den Fachkräftemangel in vielen Ländern. Aber einer ist, dass immer mehr Menschen entscheiden, dass ihre jetzige Arbeit nicht (mehr) ihren Vorstellungen entspricht. Stattdessen wählen viele die Um- oder Weiterbildung, die Selbstständigkeit oder einen neuen Arbeitgeber.

Diese Menschen gehen ein Risiko ein. Sie lassen das Etablierte hinter sich und fangen noch mal von vorne an. So wie Ingmar Zöller.

Noch mal neu anfangen – viele *wollen* das. Andere *müssen* es. Der Neuanfang ist nicht ihre Entscheidung. Der Neuanfang wurde ihnen aufgezwungen. Wie zum Beispiel Emily.

Emily Hanley haben Sie vielleicht schon einmal getroffen. Sie ist Anfang 30 und bietet in Supermärkten Proben von Sprudelwasser an.[2] Das ist nicht ihr Traumberuf. Sie tut es, um weiterhin ihre Rechnungen zahlen zu können. Bis Anfang 2023 war Emily Texterin. Sie schrieb Werbetexte für Websites, E-Mails und Broschüren im Auftrag von Firmen. Ihr ging es gut. Über ihre Agentur bekam sie eine recht hohe Anzahl an Jobs. Doch dann änderte sich alles. Dann entdeckten ihre Auftraggeber die Künstliche Intelligenz. ChatGPT machte Emily überflüssig. Mit Anfang 30.

Emily Hanley ist natürlich kein Einzelfall. Man sollte meinen, dass Künstler und Kreative wie sie vor Robotern und Künstlicher Intelligenz sicher wären. Texterin zu sein machte Emily nicht nur Spaß. Es war auch eine sichere Wahl, dachte sie.

Jetzt musste auch sie hin und her überlegen: *Versuche ich es weiterhin als selbstständige Texterin? Bleibe ich in der Kreativbranche? Wie passe ich mich der neuen Realität an?*

Wie hätten Sie sich an Emilys Stelle entschieden? Hätten Sie auch zwischenzeitlich Sprudelwasser ausgeschenkt?

Das Pro und Kontra abzuwägen von dem, was wir wollen, und dem, was uns finanzielle Sicherheit gibt, ist schwieriger als je zuvor. Technologischer Wandel hat schon immer Arbeitsplätze zerstört und neue geschaffen. Aber das Tempo des Wandels ist heute schwindelerregend dank Internet, mobiler Technologie, Künstlicher Intelligenz und Robotisierung. Noch nie in der Geschichte haben wir eine so rasante Entwicklung und Implementierung neuer Technologien erlebt, wie es in den letzten 30 Jahren der Fall war.

Emily Hanleys Geschichte zeigt, wie schnell sich das Leben durch äußere Einflüsse wie technologischen Wandel verändern kann.

Aber nicht nur die Arbeitswelt ist von solchen Veränderungen betroffen. Oft sind es auch persönliche und familiäre Ereignisse, die uns vor unerwartete Herausforderungen stellen und tiefgreifende Entscheidungen erfordern.

Das zeigt die Geschichte von Martina Rosenberg.

Anfangs war es ein Segen für Martina und ihre junge Familie, über der Wohnung ihrer Eltern zu leben. Die Großeltern halfen oft aus und waren eine wertvolle Unterstützung. Doch mit der Zeit entwickelte sich diese Situation ins Gegenteil: Ein Schlaganfall veränderte das Leben von Martinas Vater dramatisch. Und ihre Mutter litt immer stärker unter den Auswirkungen einer Demenz. Die Großeltern, die einst eine große Hilfe waren, wurden nun zu einer enormen Last.

Martina stand vor einem moralischen Dilemma: Sollte sie ihre Eltern in ein Pflegeheim geben, obwohl sie ihnen versprochen hatte, dies nie zu tun? Wie könnte sie ihren Beruf als selbstständige Dozentin fortführen und gleichzeitig für ihre Kinder und ihre Eltern da sein? Die psychische Belastung dieser Situation war enorm. Eine Zerrissenheit, die in dem provokanten Titel ihres Buches »Mutter, wann stirbst du endlich?«[3] zum Ausdruck kommt.

Wie hätten Sie sich entschieden, wenn Sie an Martinas Stelle gewesen wären?

Hätten Sie die Eltern ins Pflegeheim überführt? Oder weniger gearbeitet?

Ingmar, Emily und Martina – sie alle standen vor Entscheidungen, die typisch sind für unsere Zeit. Auch Sie kennen solche oder ähnliche Situationen, in denen Sie das Für und Wider abwägen müssen. Zum Beispiel:

- Wähle ich eine Ausbildung, die mir Freude bereitet, oder eine, die mir später einen gut bezahlten Job sichert?
- Möchte ich eine Familie gründen? Kann ich es mir langfristig leisten? Auf was würde ich verzichten? Was würde ich verpassen?
- Soll ich in Teilzeit arbeiten und Kitakosten sparen oder Vollzeit für ein höheres Einkommen (von dem aber viel für Kitagebühren draufgeht)?
- Soll ich in meinem ungeliebten Job bleiben oder in Weiterbildung investieren, auch wenn das meine Ersparnisse kostet?
- Gehe ich häufiger ins Restaurant oder mache Trips mit meiner besseren Hälfte? Oder sparen wir eher für den stabilen Ruhestand?
- Gehe ich Risiken ein und starte mein eigenes Unternehmen oder bleibe ich in einem stabilen, aber weniger erfüllenden Job?
- Bleibe ich in meiner mich belastenden Beziehung oder riskiere ich den Neuanfang nach einer Scheidung?
- Soll ich früher in Rente gehen und möglicherweise weniger monatliche Rentenzahlungen erhalten? Oder lieber noch einige Jahre arbeiten, um eine höhere Rente zu sichern?
- Soll ich mein Haus verkaufen und in eine kleinere Wohnung ziehen, um die Unterhaltskosten zu reduzieren und gleichzeitig von dem Verkauf zu profitieren?

Was all diese Überlegungen im Kern gemeinsam haben, ist das Abwägen von gegenwärtiger und zukünftiger *Zufriedenheit* auf der einen Seite. Sowie von gegenwärtiger und zukünftiger finanzieller *Sicherheit* auf der anderen Seite.

Solche Entscheidungen sind verdammt schwer.

Dieses Buch soll Ihnen helfen, einen Weg zu finden, der sowohl Ihrem Bedürfnis nach Lebensfreude und Lebenssinn gerecht wird, der aber auch die finanzielle Seite berücksichtigt und Ihnen das neue Leben ermöglicht.

Die Herausforderungen und Chancen des 100-Jahre-Lebens

Zu allen unseren Entscheidungen und Überlegungen kommt erschwerend hinzu, dass wir immer älter werden. Dies bedeutet, dass unsere Entscheidungen nicht nur das Hier und Jetzt betreffen. Sie betreffen auch das Morgen und Übermorgen.

Die Psychologin Lynda Gratton und der Ökonom Andrew Scott schrieben 2016 von einem »100-Jahre-Leben«.[4] Sie sprachen davon, dass ein längeres Leben eine Neugestaltung unserer Lebenswege erfordert. Individuen müssen aktiver überlegen, wie sie ihre erweiterte Lebensspanne gestalten und finanzieren, um sowohl persönliche Erfüllung als auch dauerhafte Sicherheit zu erreichen. Sie betonen auch, dass ein 100-Jahre-Leben ein Multi-Stufen-Leben ist. Im Gegensatz zum traditionellen 3-Stufen-Leben – Ausbildung, Arbeit, Ruhestand – gibt es im Multi-Stufen-Leben mehr Übergänge, Zwischenphasen und Neuanfänge. So wie bei Ingmar, Emily und Martina: Sie wollten oder mussten noch mal neu anfangen.

Vielen von uns geht das so. Immer mehr von uns reflektieren, wägen ab und gehen neue Lebenswege. Oder werden dazu gezwungen. Vor 50 Jahren war vieles klarer: Da gab es definierte Rollen, Lebensphasen und Verantwortungsbereiche. Heute ist das nicht mehr so; heute verschwimmt vieles. Wo finden wir Unterstützung bei unseren Entscheidungen für eine gute Finanz- und Lebensplanung? Auf die Hilfe des Staates können wir nicht hoffen – der hält sich hier vornehm zurück. Wir selbst – Sie und ich, wir alle – sind gefragt.

Genau darum habe ich dieses Buch geschrieben – als Leitfaden. Mein Kernargument, das ich Ihnen auf den folgenden Seiten darlege, lautet:

Für Glück und Wohlstand im 100-Jahre-Leben brauchen wir Geld. Zum Beispiel in Form von Einkommen, Rücklagen für Notfälle, Übergangsfonds und anderen Ersparnissen für die langfristige Zukunft.

Das ist natürlich nicht überraschend. Aber wie viel Geld sollten wir verdienen? Und wie viel können wir heute ausgeben? Schließlich: Wie viel sollen wir sparen – für Notfälle, Übergangsphasen und den Ruhestand? Auf all diese Fragen gebe ich Ihnen Antworten.

Doch Geld allein reicht nicht.

Für ein erfolgreiches 100-Jahre-Leben ist Geld lediglich eine Zutat. Die Metapher »Zutat« ist hier sehr treffend. Auch für ein einfaches, gutes Brot brauchen wir verschiedene Zutaten: Mehl, Wasser, Hefe und eine Prise Salz. Für ein einfaches, gutes Brot brauchen wir nicht *nur* Mehl, nicht *nur* Wasser, nicht *nur* Hefe. Sondern all diese Zutaten zusammen. Genauso verhält es sich mit dem erfolgreichen 100-Jahre-Leben: Geld ist eine Zutat dafür. Aber nicht die einzige.

Was also sind die anderen Zutaten?

Die Antwort: Ebenso wie Geld brauchen das richtige Money-Mindset, das Wissen um unsere Einstellungen, Glaubenssätze, emotionale Reaktionen (Emotionale Intelligenz) und Selbstwissen über unsere Instinkte, was uns glücklich macht und was wir langfristig wollen.

So wie bei einem guten Rezept gehe ich auch in meinem Buch vor und befasse mich mit den Zutaten einzeln und so, wie sie zueinander passen und »verarbeitet« werden:

In **Teil 1** geht es ums Geld und um das Money-Mindset – das sind die Einstellungen, Glaubenssätze und emotionalen Reaktionen, die sich in unserer Haltung zu Geld zeigen. »Geld fällt nicht vom Himmel« oder »Dies sind meine produktiven Jahre« sind zum Beispiel Glaubenssätze, die unseren Umgang mit Geld häufig bestimmen. Diverse Instinkte – wie zum Beispiel »sofortige Befriedigung eines Bedürfnisses« – spielen dabei ebenso eine Rolle. Unser Denken und Verhalten im Umgang mit Geld zu verstehen ist wichtig, damit wir bessere Ergebnisse erzielen und besser abwägen und entscheiden können.

Aber es lohnt sich, tiefer zu gehen.

In **Teil 2** untersuchen wir, warum viele der Entscheidungen im 100-Jahre-Leben eigentlich so schwer sind. Wir schauen uns hier drei Dinge an: Erstens, warum uns der Umgang mit Geld im Allgemeinen so schwerfällt. Zweitens, warum es uns so schwerfällt, einige lieb gewonnene Erwartungen an den Ruhestand – die vermeintlich letzte Phase des veralteten Drei-Stufen-Modells – zu überdenken. Außerdem untersuchen wir einige Herausforderungen im Zusammenhang mit dem Alter(n). Zumindest in westlichen Gesellschaften hat sich ein Verständnis von Alter und Altern etabliert, das diese als einen Verlustprozess begreift. Es ist zwar nachvollziehbar, woher das kommt, aber auch hinderlich. Wir müssen umdenken.

In **Teil 3** widmen wir uns der Lösung all unserer Probleme. Die Lösung lautet in einem Wort: Selbstwissen! Selbstwissen oder auch Selbstkenntnis ist der Schlüssel: Wenn wir verstehen, wozu unsere Überzeugungen und Emotionen uns verleiten, welche Gewohnheiten und Instinkte uns behindern (oder befähigen) und was uns glücklich macht und erfüllt, dann können wir bessere Lebensentscheidungen treffen. Und das Geld dafür nutzen, dieses Leben zu ermöglichen. Wir schauen uns im dritten Teil diverse verhaltenswissenschaftliche Studien an, die zeigen, was uns nachhaltig zu einem glücklichen Leben verhilft. Wir schauen uns aber auch an, wie wir für uns schädliche Mechanismen im Alltag erkennen lernen: Black Friday zum Beispiel. Oder die Nachrichten.

Um unseren Mangel an Denkpausen – Momente, in denen wir innehalten, entschleunigen und reflektieren – entgegenzutreten, gibt es in jedem Kapitel eine kleine **mentale Übung**. Sie ermutigt Sie dazu, zu denken statt zu handeln, über Ihren eigenen Weg im 100-Jahre-Leben nachzudenken. Einige dieser Impulse ermuntern Sie, Wörter in einem Lückentext zu finden. Andere ermöglichen es Ihnen, etwas zu bewerten oder in einer Rangliste zu sortieren. Wiederum andere erinnern Sie einfach daran, warum die Herausforderungen und Chancen des 100-Jahre-Lebens so schwierig zu bewältigen und nutzen sind.

Bevor es losgeht: Finanzielle Unabhängigkeit vs. Financial Wellbeing

Bevor wir richtig anfangen, muss ich noch eine Geschichte erzählen. Die von Oliver Noelting. Sie verdeutlicht unter anderem, warum wir im 100-Jahre-Leben nicht nur an die Zukunft denken, sondern warum wir auch Entscheidungen treffen sollten zugunsten der Gegenwart.

Wer träumt nicht hin und wieder mal davon, nicht mehr arbeiten zu müssen? Sein Leben nach eigenen Vorstellungen zu gestalten? Ohne finanzielle Einschränkungen? Oliver hatte diesen Traum. Und er verfolgte einen Plan, um diesen Traum zu ermöglichen. Lange Zeit war er ein Frugalist und informierte seine Leser auf dem Blog »frugalisten.de« über seine Spartaktiken.[5] Man erfährt dort, wie Oliver als frisch gebackener Softwareentwickler nach dem Studium auf diverse Verlockungen verzichtete: keine teuren Urlaube oder ein neues Auto. Er lebte weiterhin wie ein Student. 70 Prozent seines Gehalts sparte er für die Rente mit 40.

Doch dann passierte etwas Unerwartetes. Etwas, das in seinem Sparplan nicht berücksichtigt wurde: Oliver wurde Vater einer kleinen Tochter. Die Kursänderung folgte.

Die Zukunft, die einmal so fest in seinem Visier war, verschwamm vor dem lebhaften Bild der Gegenwart. Das Sparen für einen zukünftigen Traum schien auf einmal zweitrangig. Warum arbeiten und für die Zukunft sparen, wenn man ebenso das Lachen der Tochter und ihre ersten Schritte miterleben konnte? Oliver schraubte seine Arbeitszeit und damit auch sein Einkommen und seine Sparquote herunter. Er entschied sich für mehr Zeit mit seiner Familie. Es wurde ihm bewusst, dass das schöne Leben nicht in der Ferne wartet, sondern auch hier und jetzt passiert. Auch Oliver wird viel abgewogen haben.

Was glauben Sie? Hat er die richtige Entscheidung getroffen? Hätten Sie auch so entschieden?

Ich zumindest hätte auch so entschieden. (Beziehungsweise: Ich *habe* so entschieden. Ich nahm im ersten Jahr nach der Geburt meiner Zwillinge ein paar Monate Vaterschaftsurlaub.)

Kennen Sie den Satz »Am Ende des Lebens schaut man zurück und wünscht sich nicht, mehr E-Mails beantwortet zu haben«? Der Satz betont, dass es wichtigere Dinge im Leben gibt als die E-Mails. Das ist wohl richtig. Aber ich frage mich auch: Warum eigentlich sollen die Gedanken eines Menschen am Ende seines Lebens weiser, wertvoller oder wichtiger sein als die Gedanken desselben Menschen zu irgendeinem anderen Zeitpunkt seines Lebens? Ja, natürlich: Am Ende des Lebens wird es – vor allem rückblickend – nicht wichtig gewesen sein, diese E-Mails zu beantworten. Aber heute, jetzt gerade, ist es vielleicht wichtig. Vielleicht auch nicht. Es kommt drauf an.

Genau darüber hat Oliver nachgedacht. Was ist heute wichtig? Nicht nur in der Zukunft.

Und ich glaube Oliver hat noch etwas anderes Wichtiges gesehen. Er würde es vielleicht so nicht formulieren. Aber ich sage es für ihn: Finanzielle Unabhängigkeit ist das falsche Ziel. Financial Wellbeing ist das Ziel.

Beim Traum von finanzieller Unabhängigkeit geht es darum, ein Leben zu leben, in dem Geld keine Rolle mehr spielt, weil man genug davon hat. Bei finanzieller Unabhängigkeit sind all die Dinge, die das Abwägen im Alltag so schwer machen, egal:

- Arztjob an den Nagel hängen und S-Bahn-Fahrer werden? Kein Problem wenn man finanziell unabhängig ist.
- Job an ChatGPT verlieren? Kein Problem, wenn man finanziell unabhängig ist.
- Die Eltern pflegen und im Job zurückschrauben? Kein Problem, wenn man finanziell unabhängig ist.

Das Problem daran ist nur: Finanzielle Unabhängigkeit ist eine Fantasie.

Es gibt viele, die uns weismachen wollen, wie einfach es ist, finanziell unabhängig zu werden und ein üppiges Leben ohne Probleme zu führen. Bitcoin, Immobilien, Speed-Trading, was auch immer … Sie werden buchstäblich 1000 Bücher, Ted Talks und Podcasts zu diesem Thema finden. Ich denke: Wenn es so einfach wäre, würden mehr Menschen finanziell unabhängig sein.

Tatsache ist, dass Geld immer irgendwo herkommen muss. Und in einem 100-Jahre-Leben brauchen wir mehr Geld, einfach weil wir länger leben. Im Allgemeinen müssen wir für unser Geld arbeiten. Oder – wenn wir von unseren Ersparnissen leben – wir haben dafür gearbeitet.

Finanzielle Unabhängigkeit ist außerdem eine Fantasie, weil sie auf der Annahme beruht, dass alles einfacher wäre, wenn Geld keine Rolle spielen würde. Das ist schlichtweg nicht der Fall. Theoretisch könnte das so sein. Praktisch ist das eher selten so. Ohne die anderen Zutaten für ein erfolgreiches 100-Jahre-Leben – das richtige Money-Mindset, Emotionale Intelligenz, Selbstwissen – macht mehr Geld nicht viel aus. (Ich gehe davon aus, dass Sie nicht unter der Armutsgrenze leben.)

Wir übersehen häufig, dass der schnelle Erwerb von großem Reichtum häufig mit Kosten verbunden ist. Mit nicht-monetäreren Kosten. Oliver hat dies erkannt. Schon richtig: Wenn er weiterhin Vollzeit gearbeitet, 70 % seines Gehalts gespart und diese Ersparnisse ein paar Jahrzehnte lang wachsen lassen hätte, dann wäre er vielleicht mit Mitte 40 finanziell unabhängig gewesen. Aber was ist der Preis, den er dafür bezahlt hätte? All die verlorenen Stunden mit seiner kleinen Tochter.

Deshalb geht es um Financial Wellbeing, nicht finanzielle Unabhängigkeit. Bei Financial Wellbeing geht es darum, Geld so zu verdienen, auszugeben und zu verwalten, dass wir heute, morgen und übermorgen ein schönes Leben leben.

Einfach ausgedrückt: Das Ziel der finanziellen Unabhängigkeit geht zu häufig zulasten eines schönes Lebens heute.

Dieser Gedanke ist übrigens gar nicht neu. Im Gegenteil: Der Gedanke wurde schon häufig vermittelt in den Arbeiten vieler Philosophen, Literaten, Ökonomen, Psychologen und anderen.

Fangen wir da an. Mit einem Literaten von vor 100 Jahren: Thomas Mann hat den Punkt, das finanzielle Unabhängigkeit das falsche Ziel ist und Financial Wellbeing das richtige, viel schöner vermittelt. (Nun, er hat offensichtlich weder von finanzieller Unabhängigkeit noch Financial Wellbeing gesprochen. Aber ich bin mir sicher, dass das sein Anliegen war.)

Sind Sie bereit?

Dann los.

Vorhang auf für die Buddenbrooks.

TEIL 1

Das Money-Mindset: die richtige Haltung zu Geld

Hier ist eine 3-Schritt-Anleitung zur finanziellen Unabhängigkeit:

- **Schritt 1:** Verkaufen Sie alle Vermögenswerte und Besitztümer (Ihr Haus, Ihr Auto, und diese Sammlung von Vintage-Comicbüchern, von denen Sie immer dachten, sie würde eines Tages Millionen wert sein).
- **Schritt 2:** Kaufen Sie nur eine Hinfahrt nach Jarovnice in der Ostslowakei. Besorgen Sie sich dort eine Hütte am Ufer des ruhigen Flusses.
- **Schritt 3:** Leben Sie für immer von Ihren Ersparnissen. Jetzt, da Sie in Ihr Budget-Paradies mit den gesamten Ersparnissen gezogen sind, ist es an der Zeit, dieses Geld für die nächsten 40, 50 oder sogar 60 Jahre zu strecken. Budgetierung? Unnötig. Investition? Zu komplex. Leben Sie einfach sparsam und in der Hoffnung, dass die Inflation Ihr Erspartes nicht zu schnell auffrisst. Was könnte schon schiefgehen?

Das ist natürlich eine satirische Anleitung.[6] Sie soll noch einmal zeigen, dass finanzielle Unabhängigkeit das falsche Ziel ist. Financial Wellbeing – Geld verdienen, ausgeben und verwalten in Einklang mit dem, was Sie heute, morgen und in Zukunft glücklich macht – ist das bessere.

»Finanzielle Unabhängigkeit« – das ist ein Traum für viele. Das Hamsterrad, aus dem man heraus will. Der ruhigere Arbeitsalltag ohne Geldsorgen. Oder besser noch: Ein Leben ganz ohne Arbeit. All das hätte man, wenn man finanziell unabhängig wäre. So denkt man sich und beginnt zu träumen. Oft fälschlicherweise.

Um das zu veranschaulichen, gehen wir ins vorletzte Jahrhundert. Wir schauen in eine tolle Geschichte aus Norddeutschland: in die Geschichte der Buddenbrooks. Keine Sorge, es wird nicht trocken. Kein Deutschunterricht. Kein Bildungsbürgertum. Nur echte, lebensnahe Erkenntnisse.

Die Buddenbrooks: aus ihren Fehlern lernen

Warum gerade die Buddenbrooks? Dafür gibt es drei gute Gründe: Erstens bieten sie uns eine seltene Gelegenheit, ein paar ganze Lebensläufe – von Geburt bis Tod – in ihren Höhen und Tiefen zu betrachten. Wir erleben bei den Buddenbrooks nicht nur Momentaufnahmen oder bestimmte Episoden ihres Lebens. Wir erleben ihre gesamte Lebensreise, von den ersten Babyschreien bis zu den letzten Atemzügen, mit all den Entscheidungen, Herausforderungen und Wendepunkten, die ein ganzes Leben prägen.

Zweitens halten wir uns, wenn wir uns in eine andere Zeit und Kultur vertiefen, oft einen Spiegel vor. Dieser Spiegel hilft uns, unsere eigenen Überzeugungen und Handlungen schärfer zu erkennen. Es mag eine vergangene Epoche sein. Doch viele der in dem Roman vermittelten Lektionen haben eine zeitlose Relevanz und Bedeutung für uns heute.

Drittens, und das ist wirklich wichtig: Nur weil die Buddenbrooks finanziell unabhängig waren, heißt das nicht, dass sie auch wirklich zufrieden und ausgeglichen waren. Sie hatten zwar Geld. Aber hatten sie ein schönes Leben? Rhetorische Frage. Aber den Punkt werden wir vertiefen.

Der Roman »Buddenbrooks – Verfall einer Familie« wurde von Thomas Mann geschrieben. Es wurde 1901 veröffentlicht. Thomas Mann war der Literatur-Rockstar seiner Zeit. Er war der Kopf hinter einigen der bekanntesten Romane des 20. Jahrhunderts. Mit den Buddenbrooks gewann er einen der ersten Nobelpreise für Literatur.

Die Buddenbrooks sind eine fiktive Kaufmannsfamilie aus Lübeck, die über vier Generationen hinweg ihren Aufstieg und Fall erleben. Im Buch geht es vor allem um den Verfall. Es ist schwer zu ertragen. Die Geschichte ist zwar fiktiv, sie hat aber autobiografische Züge, inspiriert von Manns eigener Familie. Mitte des 19. Jahrhunderts, als es für die Buddenbrooks bergab ging, war Deutschland (so wie viele andere Länder der westlichen Welt) in einer Zeit des Umbruchs. Die Industrialisierung legte los, Städte wuchsen rasant. Die Hansestadt Lübeck war ein pulsierendes Handelszentrum an der Ostsee, dominiert von Kaufleuten und Handwerkern. Für den Durchschnittsbürger war das Leben durch harte Arbeit, bescheidene Freuden und die Hoffnung auf bessere Zeiten geprägt.

Die Buddenbrooks allerdings gehörten zur Oberschicht und lebten im Luxus. Sie lebten in einem prächtigen Stadthaus, in dem jeder Raum mit ausgesuchten Möbeln, Kunstwerken und Teppichen ausgestattet war. Ein Haus, in dem das Klappern von feinem Porzellan und das Klingen von Silberbesteck zum Alltag gehörten. Morgens wurden sie von ihren Dienern geweckt, die ihnen das Frühstück servierten. Wenn sie reisten, dann natürlich nur mit Stil. Sei es in die Sommerfrische in den Alpen oder zum Kuraufenthalt an der Ostsee – die Buddenbrooks erlebten Dinge, von denen viele andere Zeitgenossen nur träumen konnten. Die Abende im Haus der Buddenbrooks waren exquisit! Sie veranstalteten glanzvolle Dinnerpartys, zu denen die Elite der Stadt geladen war. Es wurde gelacht, getanzt und bis in die frühen Morgenstunden diskutiert. Der Wein war selbstverständlich nur vom Feinsten!

Natürlich war nicht immer alles eitel Sonnenschein. Die politischen Wirren jener Zeit gingen auch an ihnen nicht spurlos vorbei. Aber im Großen und Ganzen hatten die Buddenbrooks es geschafft. Sie lebten in Wohlstand und mit Privilegien, weit entfernt von den Sorgen der gewöhnlichen Bürger.

Kurz gesagt: Die Buddenbrooks waren das Paradebeispiel für finanzielle Unabhängigkeit. Während die große Mehrheit der Bevölkerung Tagelöhner waren, lebten sie von ihrem erfolgreichen Getreidehandelsgeschäft, von Erträgen aus Immobilien und anderen Investitionen.

Wie aber stand es um das Financial Wellbeing der Buddenbrooks? In aller Kürze: Nicht so gut!

Finanziell frei, aber menschlich gescheitert

Schauen wir uns vier Mitglieder der Buddenbrook-Familie an.

Thomas Buddenbrook

Beginnen wir mit Thomas Buddenbrook; ein Name, der in Lübeck nicht nur Respekt, sondern auch Erwartungen weckte. Schon als kleiner Junge, mit lockigen Haaren und blitzenden Augen, zeigte Thomas ein bemerkenswertes Gespür für Geschäfte. Während andere Kinder mit Murmeln spielten, tauschte er sie gegen kleine Gewinne. Ein kleiner Geschäftsmann in der Mache.

Mit dem Erwachsenwerden kam die Verantwortung. Früh (und sehr stolz) stieg er ins Familienunternehmen ein, und es war klar, dass er das Erbe der Buddenbrooks weiterführen würde. Seine Geschäftsreisen führten ihn bis in die damals exotischen Niederlande, wo er nicht nur lukrative Verträge, sondern auch seine zukünftige Frau fand.

Als ihm die Mitgliedschaft im Senat in Aussicht gestellt wurde, kannte sein Ehrgeiz kaum Grenzen. Senator Buddenbrook, Mitglied des Stadtrats von Lübeck – das klang nach einem plausiblen nächsten Schritt! Seinem Hauptkonkurrenten Hagenström würde das sicherlich auch imponieren. Aber war es wirklich seine Berufung oder nur ein Titel, den er aus Eitelkeit anstrebte?

In seinen späteren Jahren musste er erkennen, dass das Leben als Geschäftsmann nicht immer rosig ist. Die Konkurrenz schlief nicht, und Thomas versuchte krampfhaft, Schritt zu halten. Es kam zu Fehlinvestitionen hier und schlechten Entscheidungen da. Das prächtige neue Haus erschien auf einmal eher ein Denkmal seiner Überheblichkeit. Letztlich war es eine finanzielle Last. Selbstzweifel plagten ihn: Hätte er nicht doch irgendwann einmal studieren sollen? Wäre ein anderes Leben erfüllender gewesen? Die glänzenden Momente seiner Jugend verblassten, und die düsteren Gedanken über ein verschwendetes Leben holten ihn ein.

Nach einer scheinbar harmlosen Zahn-OP war es mit ihm vorbei: Von der Betäubung halb benommen brach der stolze Thomas Buddenbrook zusammen und landete mit seinem Gesicht (und dem zugeknöpften weißen Kragen) direkt in Pferdemist. Dort lag er, im wahrsten Sinne des Wortes und auf gut Deutsch, in der Scheiße. So verließ Thomas Buddenbrook, der einst strahlende Stern von Lübeck, die Welt – sowohl finanziell als auch persönlich am Boden zerstört. Thomas Mann zeichnete kein schmeichelhaftes Bild von seinem Vater, den er mit der Figur des Thomas Buddenbrook verband.

Welche Lektionen hält Thomas Buddenbrook für uns heute bereit?

Rat von Thomas Buddenbrook

Hallo, ich bin Thomas Buddenbrook. Zu meinen Lebzeiten war ich ein ambitionierter Geschäftsmann in Lübeck, angetrieben von hohem Ehrgeiz und den Erwartungen meiner Familie. Obwohl ich aus einer vergangenen Ära stamme, hoffe ich, dass Sie aus meinen Erfahrungen wertvolle Lektionen für Ihr eigenes Leben ziehen können:

1. Seien Sie mutig und offen für Veränderungen
Wenn Sie spüren, dass der eingeschlagene Weg nicht Ihrer wahren Bestimmung entspricht, haben Sie den Mut, Veränderungen zu wagen und neue Pfade zu beschreiten.

2. Eitelkeit und der Wunsch nach Status sind vergänglich
Jagen Sie nicht blind nach Anerkennung und gesellschaftlichem Ansehen. Wahre Zufriedenheit erwächst oft aus den Beziehungen und der Gemeinschaft, die wir pflegen, nicht aus individuellem Ruhm.

3. Bewerten Sie Ihr Leben in seiner Gesamtheit
Was heute wichtig erscheint, kann morgen bereits an Bedeutung verlieren. Fragen Sie sich, ob Sie am Ende Ihres Lebens den eingeschlagenen Weg bereuen könnten.

Lassen Sie sich nicht von den Erwartungen anderer oder von gesellschaftlichen Konventionen einschränken, wie es mir passiert ist. Es ist Ihr Leben und es verdient, nach Ihren eigenen Vorstellungen und Werten gelebt zu werden. Nehmen Sie sich die Zeit zu entdecken, was für Sie persönlich Erfolg bedeutet und wie Sie dieses Ziel auf authentische Weise erreichen können.

Das war also Thomas Buddenbrook. Finanziell frei und finanziell unabhängig. Aber persönlich gescheitert.

Christian Buddenbrook

Schauen wir nun auf Thomas' Bruder Christian. Er war das schwarze Schaf der Familie.

Schon als Kind zeigte Christian ein Talent, das nicht so recht zu den anderen allesamt kaufmännisch orientierten Buddenbrooks zu passen schien: Er konnte Menschen und Situationen so treffend nachahmen, dass es die Familie zum Lachen brachte. Seine wahre Leidenschaft galt schon früh dem Theater und der Kunst. Während andere von Handelsrouten und Gewinnmargen träumten, verlor sich Christian in der Welt der Bühne und der Fantasie.

Seine Jugend war geprägt von Eskapaden und Reisen, von Abenteuern und der ständigen Suche nach dem Sinn des Lebens. Doch das Schicksal, oder vielleicht die Familientradition, zog ihn zurück nach Lübeck und ins Familienunternehmen. Hier jedoch fühlte er sich wie ein Fisch an Land. Die kaufmännischen Aufgaben lagen ihm nicht und er fühlte sich in der Welt der Zahlen und Fakten verloren. So kam sein Ausstieg aus dem Unternehmen nicht überraschend, auch wenn die Gründe, die er nannte, nicht ganz stimmten. Er sprach von der Sehnsucht nach Selbstständigkeit und der Abneigung gegenüber Großunternehmen. Doch jeder, der Christian kannte, wusste, dass dies nur vorgeschobene Gründe waren. In Wahrheit sehnte er sich nach der Freiheit, seiner wahren Leidenschaft nachzugehen. Doch in der hanseatischen Kaufmannswelt war der vermeintliche Wunsch nach Selbstständigkeit der einzige akzeptable Grund, das Familienunternehmen zu verlassen. Seine Beziehungen, sowohl familiäre als auch freundschaftliche, litten unter seinen Entscheidungen, die oft mehr von persönlichen Ambitionen als von gemeinschaftlichen Überlegungen getrieben waren.

Natürlich war sein eigenes Unternehmen von Anfang an zum Scheitern verurteilt. Ohne kaufmännisches Geschick und ohne echte Leidenschaft für das Geschäft blieb der Erfolg aus. Die Pleite war teuer für Thomas und den Wohlstand der Familie Buddenbrook. Und Christian führte ein trauriges und von Krankheit gezeichnetes Leben, geprägt von Enttäuschungen und verpassten Chancen und dem Wissen um verlorene Zeit.

Das Verhältnis zu seinem Bruder Thomas war zerrüttet. Es waren ja auch Brüder, die unterschiedlicher nicht sein konnten. Während Thomas der Pflicht und Tradition folgte, suchte Christian nach einem tieferen Sinn im Leben. Doch beide zahlten einen hohen Preis für ihre Entscheidungen. Die Kluft zwischen ihnen zeigt, wie stark persönliche Ziele das soziale Gefüge und zwischenmenschliche Beziehungen beeinträchtigen können.

Von Christian können wir eine wesentliche Lektion lernen: wie wichtig es ist, Geld auf eine Weise zu verdienen, die nicht nur persönlichen Sinn, sondern auch Freude bringt. Christians Lebensweg verdeutlicht das feine Gleichgewicht zwischen der Verfolgung unserer wahren Interessen und der Erfüllung der Anforderungen, die unsere Gesellschaft und unser finanzielles Umfeld an uns stellen. Seine Geschichte erinnert uns daran, dass es zwar idealistisch sein kann, eine perfekte Übereinstimmung zwischen Job und wahrem Ich zu erwarten. Sie zeigt aber auch, dass es entscheidend ist, eine Karriere anzustreben, die unsere Leidenschaften nährt und unserer professionellen Persona erlaubt, sich authentisch einzubringen, ohne Kompromisse bei unseren Kernwerten zu machen. Es geht darum, den Sweet Spot zu finden, wo unsere Arbeit nicht nur unsere Konten füllt, sondern auch echte Zufriedenheit bietet. Wichtig ist, dass, selbst wenn wir gezwungen sind, unser »falsches Selbst« zu präsentieren, dieses Selbst immer noch Aspekte unserer wahren Werte und Gemeinschaftsbindungen widerspiegelt. Und nicht lediglich eine Reaktion auf äußere Erwartungen darstellt.

Rat von Christian Buddenbrook

Hallo, ich bin Christian Buddenbrook. Zu Lebzeiten war ich das schwarze Schaf der Buddenbrooks, der Träumer in einer Familie von Kaufleuten. Ich komme aus einer anderen Zeit, aber ich habe eine Botschaft für Sie:

1. Finden Sie Ihre Leidenschaft
Verbringen Sie nicht Ihr ganzes Leben damit, in eine Rolle zu schlüpfen, die nicht zu Ihnen passt. Entdecken Sie, was Sie wirklich lieben, und haben Sie den Mut, diesem Pfad zu folgen.

2. Gesundheit vor Reichtum
Vernachlässigen Sie niemals Ihre geistige und körperliche Gesundheit im Streben nach materiellem Erfolg. Am Ende ist es Ihre Gesundheit, die Ihnen die wahre Freiheit gibt, das Leben zu genießen.

3. Leben und leben lassen
Meine Familie hatte Erwartungen an mich. Ich konnte sie nicht erfüllen. Aber sie haben mir trotzdem geholfen. Fördern Sie also ein Umfeld, in dem sowohl individuelle Freiheit als auch gemeinschaftliche Unterstützung gedeihen kann.

Ich wünschte, ich hätte diese Lektionen früher gelernt. Lassen Sie nicht zu, dass die Erwartungen anderer Ihr Leben bestimmen. Es ist zu kurz und zu wertvoll, um es mit Bedauern zu verbringen.

Es mag sich seltsam anfühlen, Lebensratschläge von fiktiven Charakteren aus dem 19. Jahrhundert zu erhalten. Aber manchmal sind es genau diese Geschichten, die uns die Augen öffnen und uns zeigen, was im Leben wirklich zählt. Die Buddenbrooks mögen aus einer anderen Zeit und Kultur stammen. Aber ihre Kämpfe, Ängste und Träume sind universell. Sie sind ein Spiegelbild unserer eigenen Leben, unserer eigenen Entscheidungen.

Vielleicht sind Sie kein Fan von Literatur oder Geschichten über reiche Schnösel aus Norddeutschland. Lesen Sie dennoch weiter. Es könnte sich lohnen.

Tony Buddenbrook

Widmen wir uns nun der Schwester von Christian und Thomas: der armen Tony.

Tony Buddenbrook war das Sonnenkind der Familie. Ihre Kindheit war geprägt von heiteren Momenten und unbekümmerten Tagen. Sie lachte oft, spielte mit ihren Geschwistern und genoss die kleinen Freuden des Lebens. Doch schon früh wurde klar, dass ihr Lebensweg in der hanseatischen Gesellschaft vorgezeichnet war: standesgemäße Heirat und Mutter werden.

Ein Sommer im Ostsee-Badeort Travemünde sollte alles verändern. Dort verliebte sich Tony in einen jungen Mann, der nicht ihrem Stand entsprach. Es war eine leidenschaftliche (na ja: für die Zeit), aber verbotene Liebe. Die Gesellschaft, die Familie und deren Erwartungen standen zwischen ihnen. Tony wusste, dass sie nie mit ihm zusammen sein durfte, egal wie sehr ihr Herz für ihn schlug.

Stattdessen wurde sie mit Grünlich verheiratet, einem Geschäftsmann aus Hamburg. Auf dem Papier schien alles zu passen: Er war wohlhabend, von gutem Ruf und versprach Sicherheit. Doch Tony empfand nichts für ihn. Mehr noch, sie fand ihn abstoßend. Dennoch fügte sie sich und versuchte das Gute an der Sache zu sehen: Ein Mitglied der Upper Class der Hansestadt Hamburg zu sein schien auch irgendwie gut.

Die Ehe mit Grünlich endete jedoch in einer Katastrophe. Er entpuppte sich als Heiratsschwindler, der es nur auf das Geld der Buddenbrooks abgesehen hatte. Gedemütigt ging sie ein paar Jahre später eine weitere unglückliche Ehe ein. Wieder trieb sie die Hoffnung auf ein standesgemäßes, sicheres Leben in die Arme eines Geschäftsmannes, dem sie erneut nichts abgewinnen konnte. Auch diese Ehe wurde später geschieden. Auch diese Scheidung war teuer für die Buddenbrooks.

Bis zum Ende ihres Lebens lebte Tony in ständiger Scham und Peinlichkeit.

Heutzutage haben Gleichberechtigung und Selbstbestimmung einen ganz anderen Stellenwert als Mitte des 19. Jahrhunderts. Aber vielleicht gibt es auch heute immer noch viele Frauen, die sich von gesellschaftlichen Erwartungen und Rollenbildern leiten lassen. Wie oft arbeiten Mütter und nicht Väter in Teilzeit, um sich der Kindererziehung zu widmen? Wie oft lassen Frauen heute noch ihre Männer die Finanzen für die Zukunft regeln?

Laut meiner Forschung unter heterosexuellen Paaren entscheiden Frauen oft über aktuelle Ausgaben wie Lebensmittel, Kleidung oder Weihnachtsgeschenke. Ausgaben für die Gegenwart. Doch wenn es ums Sparen für später oder die Planung des Ruhestands geht, übernehmen häufiger die Männer. (Das ist sogar dann der Fall, wenn Frauen mehr oder gleich viel verdienen wie ihre männlichen Partner.) Diese Rollenteilung kann zu einer subtilen, aber tiefgreifenden wirtschaftlichen Abhängigkeit führen, die Frauen in einer verwundbaren Position zurücklässt, besonders langfristig oder im Alter. Es ist deshalb wichtig, dass Frauen nicht nur im alltäglichen Haushaltsbudget, sondern auch in den langfristigen finanziellen Strategien eine aktive Rolle einnehmen.

Tony Buddenbrooks Geschichte ist ein mahnendes Beispiel dafür, was passieren kann, wenn man sich selbst verleugnet und die Verantwortung für das eigene Leben anderen überlässt. Ihre Geschichte warnt uns, dass die Beteiligung an allen Aspekten der finanziellen Planung ein wesentlicher Bestandteil des persönlichen Financial Wellbeing ist. Es ist eine Erinnerung daran, dass Glück und Zufriedenheit nur dann erreicht werden können, wenn man die Kontrolle über sein eigenes Schicksal übernimmt. Das bedeutet, sich selbst zu bilden, informiert zu bleiben und aktiv Entscheidungen zu treffen, die sowohl das gegenwärtige als auch das zukünftige Selbst berücksichtigen.

Rat von Tony Buddenbrook

Hallo, ich bin Tony Buddenbrook. Ich hatte eine glückliche Kindheit, war wohlhabend und finanziell unabhängig. Dennoch traf ich falsche Entscheidungen und führte ein Leben in Scham und Einsamkeit. Ich komme aus einer anderen Epoche, aber ich habe eine Botschaft für Sie:

1. Beteiligen Sie sich an Ihrer langfristigen Lebens- und Finanzplanung
Bilden Sie sich weiter, bleiben Sie informiert und involviert in allen finanziellen Entscheidungen. Wenn Sie in einer Beziehung leben, dann achten Sie darauf, dass alle aktiv an der langfristigen Lebens- und Finanzplanung beteiligt sind.

2. Vergessen Sie nicht das, was Ihnen persönliche Erfüllung gibt
Berücksichtigen Sie in Ihren Lebensentscheidungen, was Ihnen langfristig Zufriedenheit bringt, statt immerzu Erwartungen zu entsprechen oder materiellen Vorteilen nachzujagen.

3. Mehr Geld heißt nicht automatisch mehr Lebensglück
Meine Ehen, die ich in erster Linie aus finanziellen Gründen eingegangen bin, führten nicht zu dauerhaftem persönlichen Glück oder Erfüllung. Meine Erfahrungen zeigen die Probleme und Grenzen, die entstehen, wenn materieller Wohlstand über persönliche Beziehungen und emotionales Wohlbefinden gestellt wird.

Ich wünschte, ich hätte diese Lektionen früher gelernt. Es ist Ihr Leben und Sie haben das Recht und die Fähigkeit, es nach Ihren eigenen Bedingungen zu gestalten.

Hanno Buddenbrook

Der letzte Person, die wir uns anschauen, ist Hanno Buddenbrook. Hanno Buddenbrook war der Sohn von Thomas. Ein zartes Gemüt in einer Welt, die von harter Geschäftstüchtigkeit geprägt war. Schon als Kind zeigte er eine empfindsame Natur, die sich in seiner Liebe zur Musik, insbesondere am Klavier, manifestierte. Jeder Tastenanschlag, jede Melodie schien aus den Tiefen seiner Seele zu kommen.

Einmal saß die Familie im Salon, und der sechsjährige Hanno Buddenbrook fing an zu spielen. Tony Buddenbrook war begeistert: »Wie spielt der Junge! Wie spielt das Kind!«, rief sie aus, indem sie beinahe weinend auf ihn zueilte und ihn in die Arme schloss.

»Gerda, Tom, er wird ein Mozart, ein Meyerbeer, ein ...«, und in Ermangelung eines dritten Namens von ähnlicher Bedeutung, der ihr nicht sogleich einfiel, beschränkte sie sich darauf, ihren Neffen, der, die Hände im Schoße, noch ganz ermattet und mit abwesenden Augen dasaß, mit Küssen zu bedecken.

»Genug, Tony, genug!«, sagte der Senator [Thomas Buddenbrook] leise. »Ich bitte dich, was setzest du ihm in den Kopf ...«[7]

Thomas Buddenbrook wollte natürlich nicht, dass aus seinem Sohn ein Musiker wurde. Ein Musiker? Gott bewahre! Er drängte ihn in eine andere Richtung. Das Familienunternehmen wartete, und Thomas war fest entschlossen, seinen Sohn darauf vorzubereiten.

Doch Hanno und das Geschäftsleben? Das passte so gut zusammen wie Öl und Wasser. Jeder Versuch von Thomas, eine kaufmännische Erziehung in Hanno zu verankern, schien den Jungen nur weiter von sich selbst zu entfernen. Hier spiegelt sich Thomas Manns eigene Kindheit wider, in der er den Druck spürte, den Erwartungen seiner Familie gerecht zu werden, anstatt seinen eigenen künstlerischen Neigungen zu folgen.

Hannos Ende war tragisch. Er starb früh an Typhus. Während seiner Krankheit zeigte er trotz seines jungen Alters keinen Lebenswillen. Ein junger Mann, dessen Zukunftsvorstellungen so sehr mit den Erwartungen seiner Familie kollidierten, dass er allen Lebenswillen verlor. Hätte er nur die Chance gehabt, eine Verbindung zu einem zukünftigen Selbst herzustellen, das von seinen eigenen Leidenschaften und Interessen geprägt war statt von den Geschäftserwartungen seiner Familie.

In unserer modernen Welt, in der individuelle Selbstverwirklichung und das Verfolgen persönlicher Leidenschaften immer mehr an Bedeutung gewinnen, sollten Hannos Geschichte und sein tragisches Ende uns zum Nachdenken anregen. Wie oft setzen Eltern, oft mit den besten Absichten, ihre Kinder unter Druck, einen bestimmten Weg einzuschlagen, weil sie glauben, dass dies das Beste für sie ist? Wie oft übersehen sie dabei das, was die Kinder selbst dazu sagen, was ihnen wirklich Lebensfreude und Lebenssinn gibt?

Wir werden diesen Gedanken in einem späteren Kapitel noch vertiefen: Für unser Financial Wellbeing ist es extrem wichtig, eine positive Verbindung zu unserem zukünftigen Selbst herzustellen. Eine Verbindung, die von dem geprägt ist, was uns wirklich wichtig ist, was uns von innen heraus antreibt. Bei Hanno wurde diese Verbindung zerstört. Für Hannos zukünftiges Selbst ging es nur ums Geldverdienen – um die Aufrechterhaltung des Wohlstands und Vermögens. Es ging um Hannos finanzielle Unabhängigkeit. Vielleicht hat der Mangel an positiven, intrinsisch motivierten Visionen für sein Leben zu seinem frühen Ende beigetragen.

Hannos Geschichte ist eine mahnende Erinnerung daran, wie wichtig es ist, eine intrinsisch motivierte und positive Verbindung zu den Bedürfnissen unseres zukünftigen Selbst zu haben. Wie soll uns eine negative Vision von uns Selbst dazu motivieren, heute für unsere Zukunft vorzusorgen? Warum sollten wir uns um unser zukünftiges Ich kümmern, wenn wir diese Person gar nicht sein wollen?

Rat von Hanno Buddenbrook

Hallo, ich bin Hanno Buddenbrook. Ich starb noch sehr jung, doch zu Lebzeiten fühlte ich eine tiefe Liebe zur Musik – in einer Welt, die von Geschäften und Erwartungen geprägt war. Ich möchte, dass Sie Folgendes aus meiner Geschichte lernen:

1. Erkennen Sie die Macht von positiven Visionen
Negative Visionen sind kontraproduktiv. Niemand arbeitet gern auf ein Anti-Ziel hin.

2. Achten Sie auf das, was Ihnen im Alltag Lebensfreude und Lebenssinn gibt
Lassen Sie dieses Wissen Ihre Zukunft bestimmen.

3. Wehren Sie sich, wenn Ihnen ein Weg aufgezeigt wird, der nicht der Ihre ist
Wenn Sie sich woanders sehen, dann sagen Sie es. Das kann kurzfristig wehtun. Aber langfristig ist es den kurzfristigen Schmerz wert.

Ich wünschte, ich hätte die Chance gehabt, meinen eigenen Weg zu finden.

▶ Wegweiser

Hier endet unser Ausflug ins Norddeutschland des 19. Jahrhunderts. Verinnerlichen Sie die Lektionen aus dem Leben der Buddenbrooks. Einer Familie, die in ihrer Zeit finanziell unabhängig war, mit allen Möglichkeiten, die das Leben zu bieten hatte. Und doch haben sie es geschafft, sich das Leben auf tragische Weise zu verkorksen. Am Ende scheiterten sie alle nicht nur finanziell, sondern auch persönlich.

- Thomas, der Geschäftsmann, der sich in der Verantwortung verlor und am Ende alles infrage stellte.
- Christian, dessen Talente und Interessen nie mit dem kaufmännischen Leben harmonierten und der in einem selbstgewählten Exil endete.
- Tony, die ihr langfristiges Schicksal den Männern der Familie übergab und in entscheidenden Momenten den Status quo bevorzugte.
- Und Hanno, das zarte Genie, das zwischen den Erwartungen seines Vaters und seiner eigenen Leidenschaft zerrieben wurde.

Sie sehen: Finanzielle Unabhängigkeit ist nicht das Ziel.
Financial Wellbeing ist, was wir anstreben sollten.
Es geht nicht nur darum, Geld zu haben. Es geht darum, Geld so zu verdienen, auszugeben und zu verwalten, dass es uns heute, morgen und in der Zukunft glücklich macht. Hätten die Buddenbrooks diesen Grundsatz verfolgt, hätte Thomas vielleicht mehr Zeit für sich selbst und mehr Ruhe gefunden. Christian hätte seine künstlerischen Talente verfolgt. Tony hätte sich nicht in unglückliche Beziehungen gestürzt. Und Hanno hätte vielleicht einen Weg gefunden, seine Musik und sein Leben in Einklang zu bringen.

Finanzielle Unabhängigkeit wird heute oft als ultimatives Ziel gefeiert: Ein Zustand, in dem man durch das Ansammeln eines bestimmten Vermögens frei von der Notwendigkeit zu arbeiten ist.

Doch dieser Traum birgt eine Tücke: Was soll dieser Punkt sein, an dem man – Boom! – finanziell unabhängig ist? In Wahrheit ist es viel wahrscheinlicher, dass man in eine hedonistische Tretmühle gelockt wird, wenn man rein finanzielle Ziele anstrebt. Jedes erreichte Ziel wird dann nur den Appetit auf mehr anfachen, ohne jemals wahre

Zufriedenheit zu bringen. Was passiert, wenn wir ein Ziel erreichen? Ohne Selbsterkenntnis darüber, was uns Lebenssinn und Lebensfreude bereitet und welche Bedürfnisse wir in Zukunft haben könnten, kann finanzielle Unabhängigkeit zu einem leeren Triumph werden.

Hier tritt Financial Wellbeing als das bessere Ziel in den Vordergrund. Es geht nicht nur um Geld, sondern um das gesamte Wohlbefinden. Financial Wellbeing strebt nach einer Balance zwischen finanzieller Sicherheit und der Verfolgung von Lebensqualität, Talenten, Interessen und persönlichen Zielen. Es geht um eine ganzheitliche Perspektive: Wie kann Geld dazu beitragen, ein erfülltes und sinnvolles Leben zu führen?

Stellen Sie sich vor, Sie sind in der Altstadt von Lübeck. Sie sind zum ersten Mal hier und spüren sofort das historische Flair. Die engen Gassen, die roten Backsteinbauten und die prächtigen Kaufmannshäuser zeugen von Lübecks reicher Handelsgeschichte. Überall ist das Erbe einer bedeutenden Hansestadt spürbar.

Sie gehen die Mengestraße entlang, zum »Buddenbrookhaus«, heute ein Museum. Dieses Haus, einst Heim der Familie Mann, entführt die Besucher in das Leben einer wohlhabenden Kaufmannsfamilie des 19. Jahrhunderts und ist Teil von Lübecks kulturellem Erbe.

Vor dem Haus angekommen, beeindruckt Sie die imposante Fassade. Die Architektur, die sorgfältig restaurierten Ornamente und feinen Details verkörpern Stolz und Würde der hanseatischen Kaufmannskultur. Sie können sich das lebhafte Treiben von einst bildlich vorstellen. Sie sehen auch die Buddenbrooks vor Ihrem geistigen Auge: Thomas, ernst und zielstrebig auf dem Weg zur Arbeit, Christian, lebhaft und unkonventionell vom Theater kommend, Tony, geprägt von Pflichtbewusstsein und Bedauern, und der junge Hanno, empfindsam und unangepasst.

Inwiefern sind auch Sie Thomas Buddenbrook?

Haben auch Sie ...
... ein intensives Streben nach wirtschaftlichem Erfolg?
... das tiefe Bedürfnis nach gesellschaftlicher Anerkennung?
... die Neigung, Ihren eigenen Interessen, Talenten und Fähigkeiten nicht genügend Aufmerksamkeit zu schenken?

Inwiefern sind auch Sie Christian Buddenbrook?

Haben auch Sie ...
... ein Desinteresse an geschäftlichen und finanziellen Belangen?
... eine Neigung, sich in Fantasien oder unrealistischen Träumen zu verlieren?
... Schwierigkeiten, sich langfristigen Zielen oder Verpflichtungen zu widmen?

Inwiefern sind auch Sie Tony Buddenbrook?

Haben auch Sie ...
... persönliches Glück für finanzielle Sicherheit oder Status geopfert?
... ein tiefes Bedauern über in der Vergangenheit getroffene Entscheidungen?
... eine Neigung, langfristige Finanzangelegenheiten anderen zu überlassen?

Inwiefern sind auch Sie Hanno Buddenbrook?

Haben auch Sie ...
... eine empfindsame Natur?
... wenig Interesse an materiellen oder finanziellen Angelegenheiten?
... eine negative Verbindung zu den Wünschen und Sorgen Ihres zukünftigen Selbst?

Wenn auch Sie etwas »Buddenbrook« in sich tragen, blättern Sie noch einmal zurück und beherzigen Sie die Ratschläge Ihrer Alter Egos.

Die Buddenbrooks lebten kein 100-Jahre-Leben. Als Senator Buddenbrook starb, war er gerade einmal 49 Jahre alt. Im heutigen 100-Jahre-Leben ist es verständlich, dass wir finanzielle Unabhängigkeit anstreben. Die Herausforderungen durch technologischen Wandel, die Suche nach einem Beruf, der uns erfüllt, Sorgen um den Ruhestand oder der Anspruch, immer für alle in der Familie da zu sein, sind enorm belastend. Die Notwendigkeit, Geld zu verdienen, kommt natürlich noch oben drauf. Kein Wunder also, dass wir Leuten glauben möchten, die uns vorgaukeln, wir müssten nur etwas ganz Einfaches tun (wie Bitcoin kaufen, Optionshandel betreiben, Eigentum vermieten, Mindset ändern) und – Schwups – seien alle finanziellen Probleme für immer gelöst. (Diese Gaukelei bringt ihren Verbreitern gutes Geld ein!)

Im 100-Jahre-Leben ist das Ziel »finanzielle Unabhängigkeit« nicht nur naiv (weil mehr Geld nicht alle Probleme automatisch löst). Es ist auch veraltet. Hinter dem Streben nach finanzieller Unabhängigkeit verbirgt sich auch die Annahme eines Drei-Stufen-Lebens. Man vermutet, dass Leben besteht zuerst aus Ausbildung (erste Stufe), dann Arbeit (zweite Stufe) und dann dem Ruhestand (dritte Stufe). Drei einfache Stufen. Die Attraktivität der finanziellen Unabhängigkeit kommt daher, dass die dritte Stufe ein bisschen vorgezogen wird.

Wir leben heute allerdings Multi-Stufen-Leben: Am Anfang steht immer noch die Ausbildung. Am Ende steht immer noch der Ruhestand. Aber dazwischen gibt es verschiedene Phasen – erster Karriereschritt, zweite Karriere, dritte Karriere. Dazwischen gibt es Phasen, in denen wir uns der Kindererziehung widmen. Oder Phasen, in denen wir uns um ältere Angehörige sorgen müssen. Vielleicht auch Phasen, in denen wir uns um- und weiterbilden müssen. Oder Phasen, in denen wir einfach Auszeiten nehmen oder nehmen müssen.

In dem Kontext beruht das Ziel »finanzielle Unabhängigkeit« also nicht nur auf falschen Annahmen – es ist einem alten Sozialmodell verhaftet. Es ist auch ökonomisch naiv: Wir bräuchten schon sehr viel Geld, um all diese Übergänge und den viel längeren Ruhestand aus eigenen Mitteln finanzieren zu können. Diejenigen, die es krampfhaft anstreben, verpassen ein schönes Leben heute.

In Wahrheit ist finanzielle Unabhängigkeit nicht erstrebenswert – wie an den Buddenbrooks gesehen. Sie ist auch unrealistisch. Tatsache ist, dass die meisten von uns immer irgendwie Geld verdienen müssen, bevor sie es verwalten und ausgeben können. Wenn es so einfach wäre, finanziell unabhängig oder frei zu sein, dann wären es viel mehr.

Und deshalb geht es auch darum, ein Bewusstsein dafür zu entwickeln, wie wir Geld verdienen, verwalten und ausgeben wollen, damit wir heute, morgen und übermorgen ein erfülltes und glückliches Leben leben.

Ersparnisse in Höhe von x Euro (denken Sie sich hier eine für Sie hohe Summe), den Lebensunterhalt aus Dividenden finanzieren und/oder aus Mieteinnahmen: All das mag einiges im Leben einfacher machen. Aber es macht nicht per se glücklicher. Und es macht auf keinen Fall *langfristig* glücklicher.

Schauen wir uns jetzt an, was »Financial Wellbeing« ist.

Financial Wellbeing: für ein langfristig glückliches Leben

Financial Wellbeing ruht auf zwei Säulen: auf »Money« und auf »Money Mindset«.
Beginnen wir mit Ersterem. *Show me the money.*

Ohne Geld geht es nicht

Zwei Freundinnen von mir aus Unizeiten sind Filmemacherinnen geworden. Die eine, Anna, folgt ihren Leidenschaften und ihrem Herzen. Sie macht Dokumentationen an entlegenen Orten, an denen große Probleme der Menschheit kreativ gelöst werden. Ihre Filme spiegeln ihre Liebe zum Detail und ihre Hingabe zum authentischen Geschichtenerzählen wider.

Anna hat sich bewusst gegen den Mainstream-Film entschieden. Sie möchte nicht, dass Sponsoren und kommerzielle Interessen ihre kreative Freiheit einschränken. Sie möchte keine Kompromisse eingehen, um ihre Filme massentauglich zu machen. Lieber agiert sie im Abseits. Sie präsentiert ihre Werke auf kleinen Filmfestivals.

Finanziell steht Anna vor Herausforderungen, da sie oft auf staatliche Fördergelder angewiesen ist. Anna lebt bescheiden in einem Vorort von Berlin.

Meine andere Freundin, Simona, hat einen anderen Weg in der Filmindustrie eingeschlagen. Sie arbeitet als Filmproduzentin in London und ist in größere kommerzielle Filmprojekte involviert. Ihr Ziel ist es, Geschichten zu erzählen, die ihr Publikum berühren und ihm eine schöne Zeit ermöglichen.

Simona versteht und teilt Annas Bedenken bezüglich der Einflussnahme von Sponsoren. Auch sie ist manchmal genervt von den Kompromissen, die sie mit den Distributionskanälen eingehen muss. Sie glaubt aber, dass sie durch die größeren Produktionen viele Zuschauer erreichen und positiv beeinflussen kann. So sieht sie die Sponsoren und ihre Kompromisse mit den Marketingstrategien eher als Teil eines Spiels, das sie spielen muss. Sie ist da pragmatischer als Anna.

Simona ist finanziell sehr stabil. Sie legt Geld für ihre finanzielle Sicherheit zurück. Obwohl sie Annas künstlerische Integrität respektiert, sieht sie auch, dass das Budget der unabhängigen Filmemacher oft begrenzt ist. Und sie findet, dass man bei der Verwirklichung der Träume, aber auch für die eigene finanzielle Sicherheit manchmal Kompromisse machen muss.

Ich glaube, Simona hat recht: Natürlich lohnt es sich, den Tipps der »Buddenbrooks« zu folgen und unsere Interessen, Talente und Bedürfnisse kennenzulernen und Geld in Einklang mit ihnen zu verdienen, auszugeben und zu verwalten. Auf der anderen Seite müssen wir aber auch ein größeres Spiel mitspielen, weil wir Geld, Einkommen und Rücklagen brauchen, clever mit Schulden umgehen und für das Alter vorsorgen müssen. Mit längerer Lebensdauer steigt der Bedarf an finanziellen Ressourcen. Man kann bescheiden leben, vielleicht mit 20.000 Euro im Jahr, aber wenn man 20 Jahre länger lebt, bedeutet das, dass man 400.000 Euro mehr für den eigenen Cashflow benötigt.

20.000 Euro mal 20 Jahre = 400.000 Euro. Das ist eine ganz einfache Rechnung. Aber sie zeigt auch, warum Financial Wellbeing im 100-Jahre-Leben so schwer ist. Ohne Geld geht es nun mal nicht.

Warum ein stabiles Einkommen wichtig ist

Verschiedene Beispiele verdeutlichen die Bedeutung eines stabilen Einkommens in unserem Leben. Wenn wir über die negativen psychischen und emotionalen Auswirkungen von Arbeitslosigkeit nachdenken, wird deutlich, wie wichtig wirtschaftliche Stabilität für unser gesamtes Wohlbefinden ist. Menschen, die mit Arbeitslosigkeit kämpfen, stehen nicht nur vor den unmittelbaren Stressfaktoren finanzieller Unsicherheit, sondern auch vor einem Strudel aus geschwächtem Selbstwertgefühl, erhöhter Angst und größerer Anfälligkeit für Gesundheitsprobleme. Ein beständiges Einkommen wirkt wie ein

Schutzwall gegen diese Herausforderungen und unterstreicht seine grundlegende Bedeutung.

Feste Einkommen verhindern jedoch nicht nur Elend. Sie erlauben auch die Teilhabe an den schönen Dingen des Lebens. Die britische Pensions and Lifetime Savings Association zeigt dies in einem Bericht über Retirement Living Standards.[8] Verschiedene Rentner aus verschiedenen Schichten und allen Teilen des Landes erzählen hier, wofür sie im Alltag Geld brauchen. Ein Rentner beschreibt zum Beispiel, wie wichtig es ist, ein Netflix-Abo bezahlen zu können. Sinngemäß sagt er in dem Bericht: »Die Lebensqualität meiner Partnerin wäre nicht dieselbe, wenn sie kein Netflix hätte ... Diese Dinge galten einst als Luxus, aber dann werden sie in bestimmten Umständen zur Notwendigkeit, nicht wahr?«[9] Ein anderer Rentner erzählt, wie wichtig es ist, Essen in Restaurants bezahlen zu können, denn auch wenn ein Restaurantbesuch früher Luxus gewesen sei, so sei er heute Teil dessen, was es bedeutet, in einer modernen Gesellschaft zu leben.[10] Diese Aussagen verdeutlichen, dass ein stabiles Einkommen nicht nur grundlegende Bedürfnisse abdeckt, sondern auch die Teilhabe an Aktivitäten ermöglicht, die als Teil des modernen Lebens angesehen werden, wie Unterhaltung und soziale Interaktionen. Sie zeigen, dass finanzielle Mittel nicht nur vor Armut schützen, sondern auch Zugang zu Lebensqualität und gesellschaftlicher Teilhabe bieten.

Es ist ein banaler Punkt. Aber einer, den wir zu häufig vergessen. Ohne Geld ist das Leben schnell miserabel und verdammt schwer. Ich persönlich kenne viele Beispiele von Leuten, die sagen, »Geld ist nicht so wichtig« oder »Es gibt wichtigere Dinge als Geld« und die deshalb im Lebensalltag – für sich und ihre Familien – Entscheidungen treffen, die sie später bereuen könnten.

Das heißt übrigens nicht, dass wir immer *mehr* Geld anstreben sollten. Geld macht das Leben einfacher, wenn man nicht viel davon hat. Aber der Grad, zu dem es das Leben einfacher macht, wächst nicht mit dem Einkommen oder Wohlstand. Die Buddenbrooks sind hierfür ein gutes Beispiel. Hat man erst mal einen gewissen Wohlstand erreicht, dann zählen andere Dinge.

Die Erkenntnis aus diversen verhaltenswissenschaftlichen Studien ist, dass der Punkt, ab dem mehr Einkommen zu mehr Wohlbefinden beiträgt, vielleicht geringer ist als angenommen.[11] Von daher kommt es darauf an, ein Einkommen zu verdienen, das »gut genug« ist. Der

Literaturkritiker Marcel Reich-Ranicki brachte es schön auf den Punkt, als er sagte: »Geld allein macht nicht glücklich. Aber es ist besser, im Taxi zu weinen als in der Straßenbahn.«[12]

Warum Finanzplanung wichtig ist

Lois Vallely ist eine Finanzjournalistin, der ich ab und zu über den Weg laufe. Eines Tages stieß ich auf einen Wochenend-Essay von ihr in dem Magazin, für das sie schreibt. »Ich muss etwas gestehen«, lautete der Titel.[13] Das fesselte sofort die Aufmerksamkeit. Man merkt, dass sie Journalistin ist.

Im Essay erklärt sie, warum sie sich in einer seltsamen Zwickmühle befindet. Trotz der Tatsache, dass sie selbst viel über Finanzthemen schreibt, steckt sie selbst in einer Schuldenfalle von 9000 Pfund. Ihre Schulden, gesteht sie in dem mutigen Essay, stammen von einem Reise- und Geselligkeitsrausch nach einer schwierigen Trennung im Vorjahr. Sie reiste quer durchs Land und stellte die sofortige Befriedigung ihrer Bedürfnisse über die Gesundheit ihres Bankkontos.

Sie erinnert sich an die Versuche ihres Vaters, ihr Budgetdisziplin beizubringen. Sie beschreibt, wie sie populären Spartipps folgte. Aber Lois erklärt auch, wie schwer es ihr fiel, ihre Ausgaben im Griff zu behalten. Ihr Lebensstil überstieg ständig ihre Mittel. Eine Gewohnheit, die sie erkannte, aber schwer ablegen konnte.

Schulden sind in vielerlei Hinsicht ein zweischneidiges Schwert. Einerseits können sie als wichtige Treiber für Veränderungen und Möglichkeiten dienen. Wenige Menschen haben die sofortigen finanziellen Mittel, um ein Haus auf einen Schlag zu kaufen. Durch Schulden in Form von Hypotheken wird der Traum vom Eigenheim für viele erst realisierbar. Schulden können auch ein Werkzeug für ambitionierte Unternehmer sein, um Finanzierungen zu sichern. Studierende weltweit stützen sich oft auf Studienkredite. Diese Kredite sind Investitionen in ihre Zukunft. Sie ermöglichen es ihnen, höhere Bildung zu verfolgen und die Aussicht auf verbesserte Karrierechancen zu haben. All das sind Beispiele für *gute* Schulden: Sie werden genutzt, um Vermögenswerte aufzubauen.

Die andere Schneide dieses Schwerts ist jedoch scharf. Und wenn man nicht vorsichtig ist, kann sie tiefe Wunden hinterlassen. Wenn

Schulden genutzt werden, um Dinge zu kaufen, die im Laufe der Zeit an Wert verlieren (oder sofort – wie Lois' Urlaube), können sie sich in eine schwere Kette verwandeln. Sie können Menschen an vergangene Entscheidungen binden und sie daran hindern, vorwärtszukommen. Ein Beispiel hierfür sind Kreditkartenschulden, die durch impulsive Käufe entstehen. Oder Privatkredite mit relativ hohen Zinssätzen. Das sind Beispiele für *schlechte* Schulden, die schnell außer Kontrolle geraten können und Menschen in ein finanzielles Desaster stürzen lassen.

Viele Forschungen, inklusive unserer Forschungen am Centre for Behavioural Research, zeigen, wie prekär die Schuldensituation bei vielen ist: Zu viele Menschen schulden zu viel. Und ein hoher Anteil würde von sich selbst sagen:»Ich habe zu viele Schulden im Vergleich zu dem, was ich verdiene.«

Vorsicht also im Umgang mit Schulden. Sie machen das Leben schnell miserabel. Vergewissern Sie sich bei Aufnahme, ob es sich um gute oder schlechte Schulden handelt. Gut sind Schulden dann, wenn sie langfristig einen Wert oder Einkommen generieren. Schlecht sind sie dann, wenn sie für Konsumgüter oder Dienstleistungen aufgenommen werden, die keinen dauerhaften Wert schaffen. Stellen Sie sicher, dass Ihre monatlichen Schuldenzahlungen – einschließlich Hypotheken, Kreditkarten, Autokrediten und Studiendarlehen – nicht mehr als ein Drittel Ihres monatlichen Bruttoeinkommens vor Steuern ausmachen.

Bei der Planung Ihrer Finanzen ist es auch wichtig, potenzielle Zinserhöhungen zu berücksichtigen. Während in Zeiten niedriger Zinsen günstigere Kreditbedingungen angeboten werden, können unerwartete Zinserhöhungen Ihre monatlichen Rückzahlungen erhöhen und Ihr Budget belasten. Es ist ratsam, langfristige Zinssätze zu berücksichtigen und einen finanziellen Puffer einzuplanen, um gegen solche Schwankungen abgesichert zu sein. Erwägen Sie die Nutzung von festverzinslichen Darlehen, wo möglich, um vorhersehbare monatliche Zahlungen zu sichern und das Risiko von Zinssteigerungen zu minimieren.

Warum Liquidität wichtig ist

»Das Leben ist wie eine Schachtel Pralinen«, sagt Forrest Gump in dem gleichnamigen Film. »Man weiß nie, was man bekommt.« In der Tat wissen wir das nicht. Während manche Ereignisse Freude und Glück bringen, können andere uns schockieren und aus dem Tritt bringen. Eine kaputte Waschmaschine oder eine plötzliche Reparatur am Auto kann finanziellen Stress bedeuten und der ist in unserem Alltag häufig das Letzte, womit wir uns befassen möchten.

Hier kommen liquide Mittel ins Spiel. Der Begriff »liquide« (oder »flüssig«) bezieht sich hier auf Vermögenswerte oder Geldmittel, die schnell in Bargeld umgewandelt werden können, ohne an Wert zu verlieren. Investitionen in Aktien oder Immobilien können Zeit zur Liquidierung benötigen oder Marktschwankungen unterliegen. Aber liquide Mittel sind sofort zugänglich. Diese Mittel werden typischerweise auf leicht zugänglichen Wegen wie Bankkonten oder Sparkonten gehalten.

Wie hoch sollten die liquiden Mittel sein? Hier unterscheiden wir zwischen einem »Notfallfonds« und einem »Übergangsfonds«.

Der Notfallfonds

Finanzexperten raten üblicherweise, dass eine Person ungefähr drei Monatsgehälter als Notfallfonds ansparen sollte. Die Logik dahinter ist einfach: Wenn das Auto kaputtgeht, der Kühlschrank den Geist aufgibt oder die Dusche in die Nachbarwohnung leckt, bietet dieser Fonds einen finanziellen Puffer. Er ermöglicht es Ihnen, diese unerwarteten Ausgaben zu bewältigen, ohne auf hochverzinsliche Schulden zurückgreifen zu müssen oder die regulären finanziellen Verpflichtungen und den etablierten Lebensstil zu stören.

Drei Monatsgehälter. Das mag hoch, vielleicht sogar unerreichbar erscheinen. Das Erreichen dieses Ziels ist jedoch nicht so fern, wie man denken könnte. Eine einfache Verpflichtungserklärung kann Wunder wirken. Das zeigen die Ergebnisse der Studie von Nava Ashraf und anderen: In den finanziell am meisten eingeschränkten Gemeinden auf den Philippinen stiegen die Sparquoten sprunghaft an, als die Menschen in einen einfachen Verpflichtungsvertrag eintraten.[14] Es zeigt, dass mit ein wenig Entschlossenheit und strategischer Planung sogar Ziele, die unerreichbar scheinen, Wirklichkeit werden können.

 **Scannen Sie den QR-Code**

In diesem Webinar erkläre ich, wie Sie finanzielle Ziele mit dem von Verhaltenswissenschaftlern entwickelten EAST-Modell erreichen.

Der Übergangsfonds

Wir haben schon kurz über das Konzept des Multi-Stufen-Lebens gesprochen. Und über die neue Art, unsere Lebensbahn zu betrachten. Wir leben nicht mehr die konventionellen drei Phasen von Ausbildung, Arbeit und Ruhestand. Viele von uns erleben nun zahlreiche Übergänge, wie etwa Umschulungen, Karrierewechsel oder eine Rückkehr zur Ausbildung in verschiedenen Lebensphasen. Dieser Weg, obwohl er mit Möglichkeiten gefüllt ist, bringt auch seine Herausforderungen mit sich. Um diese Übergänge zu meistern, ist ein finanzielles Mittel der »Übergangsfonds«.

Dieser Fonds ist nicht dasselbe wie ein Notfallfonds. Der Notfallfonds ist ein Sicherheitsnetz für unvorhergesehene Krisen. Der Übergangsfonds wird speziell bereitgehalten, um finanzielle Unterstützung während einer unserer Übergänge zu bieten. Denken Sie an die Geschichten zu Beginn dieses Buches, an die von Dr. Zöllner, Emily, Martina und Oliver. Jeder von ihnen, in unterschiedlichen Altersstufen, stand vor bedeutenden Wendepunkten. Und in diesen Zeiten steht ein Übergangsfonds nicht nur als Schutzbarriere bereit, er ist auch ein Wegbereiter des Wandels.

Die genaue Höhe eines Übergangsfonds zu bestimmen, mag knifflig erscheinen. Die Bedürfnisse sind vielfältig und der Lebensverlauf oft unvorhersehbar. Eine allgemeine Richtlinie könnte jedoch sein, etwa sechs Monate des Nettoeinkommens zu sparen. Dies bietet eine gute Basis, um Sabbaticals zu nehmen, eine Ausbildung zu absolvieren oder sogar familiäre Bedürfnisse ohne die drohenden Schatten finanzieller Belastung zu erfüllen.

Wo sollte dieses Geld angelegt werden? Da das Geld nicht oft benötigt und möglicherweise nur alle fünf bis zehn Jahre abgerufen wird, vermeide ich persönlich es, das Geld nur auf einem Tagesgeld- oder Bankkonto zu halten. Stattdessen habe ich es in eine ausgewogene Anlagestrategie investiert, die über einen sehr kostengünstigen Fonds verschiedene Arten von Vermögenswerten kombiniert, um Wachstum zu fördern und das Risiko über die Zeit zu reduzieren. Dieser Ansatz bedeutet, dass der Wert meines Übergangsfonds wahrscheinlich schneller als die Inflation wachsen wird und dennoch einigermaßen stabil ist, falls ich in schlechten Zeiten darauf zugreifen müsste. Tatsächlich ist es am wichtigsten, diese Mittel relativ schnell abrufen zu können, um Übergänge bei Bedarf schnell finanzieren zu können. Daher sollten sie, obwohl investiert, nicht in Instrumenten mit langen Auszahlungsfristen gebunden sein.

Es kann sein, dass Sie nie auf Ersparnisse in Ihrem Übergangsfonds zugreifen müssen. Wenn das Leben inklusive der Übergänge reibungslos verläuft, können die hier gehaltenen Ersparnisse in Ihre Altersvorsorge integriert werden. Daher ist ihr Aufbau ein Schritt ohne Reue. Die Ersparnisse des Übergangsfonds sind da, wenn Sie sie brauchen. Und wenn Sie nie Übergänge finanzieren müssen, dann werden Ihnen die Ersparnisse später nützlich sein.

Der Fonds für den Ruhestand

Jetzt kommen wir zu einem entscheidenden Punkt: dem Sparen für den Ruhestand.

Der Ruhestand steht als eine der wenigen Gewissheiten des Lebens. Oder besser gesagt: Die Wahrscheinlichkeit, in Rente zu gehen, ist ziemlich sicher. Der Zeitpunkt – also *wann* man es sich leisten kann, in Rente zu gehen – kann von den ursprünglichen Annahmen abweichen. Darüber hinaus ist die erwartete Lebensqualität in diesen Jahren nach der Arbeit unvorhersagbar. Die meisten haben Visionen von der Rente als eine ruhige Periode, frei von der täglichen Mühsal. Aber ohne ordentliche finanzielle Grundlagen kann der Traum schnell zu einem Kampf werden. Begrenzte Ressourcen führen zu einer Rente mit finanziellen Einschränkungen und unerfüllten Erwartungen. Ich habe oft Rentner etwas in der Art sagen hören: »Ich habe 100.000 Euro gespart und gedacht, das wäre eine riesige Summe. Warum hat mir niemand je gesagt, dass es nicht genug ist? Dass es bei Weitem nicht genug ist?«

Im Auf und Ab eines Multi-Stufen-Lebens wird die Rente nicht unbedingt von einem Tag auf den anderen eintreten. Sie ist vielleicht eher etwas, in das wir hineingleiten. Aber so Manchen zwingen die Umstände vielleicht, langsam wieder herauszugleiten. In vielen westlichen Ländern gibt es eine wachsende Lücke zwischen den staatlichen Renten und den tatsächlichen Lebenshaltungskosten. Die Grenzen der öffentlichen Rentensysteme werden schmerzhaft deutlich, wenn die Rente näher rückt.

Eine Faustregel besagt, dass wir als Einkommen im Ruhestand etwa 70 bis 80 % unseres letzten Gehalts anstreben sollen. Sprich: Wenn Sie im Jahr vor dem Ruhestand 30.000 Euro verdient haben, dann streben Sie ein Ruhestandseinkommen von 21.000 bis 24.000 Euro an. Einige argumentieren jedoch, dass ein Ziel von zwei Dritteln des letzten Gehalts *mehr* als ausreichend sein könnte. Besonders dann, wenn man ein eigenes Haus besitzt und weil man geringere Ausgaben hat, wenn man älter wird. Diese Perspektive legt nahe, dass die herkömmliche Faustregel nicht für jeden geeignet ist, da sie individuelle Rentenpläne wie Teilzeitarbeit oder unterschiedliche Lebensstilbedürfnisse nach dem Ruhestand nicht berücksichtigt. Zusätzlich könnte der Übergang von einer Generation, die typischerweise Eigentum besaß, zu einer, die typischerweise mietet, Anpassungen dieser Zahlen erfordern, um die Wohnkosten im späteren Leben abzudecken.

So oder so: Die staatliche Rente wird kaum den eigenen Bedarf decken, und um die Lücke zu überbrücken, verlassen sich viele auf die Kraft der Aktienmärkte. Hierfür investieren sie zum Beispiel in ETF-Sparplänen. Warum sind solche Instrumente in vielen Ländern fast Standard geworden? Die Antwort liegt in der gewaltigen Kraft des Aktienmarktes. Gekoppelt mit dem Zauber des Zinseszinses.

Der Zinseszins – einfach erklärt

Zinseszins bedeutet, dass Zinsen beginnen, ihre eigenen Zinsen zu verdienen. Über Zeit führt das zu einem großen Wachstum Ihrer Ersparnisse.

Sie können sich den Zinseszins wie das Pflanzen eines Baumes vorstellen: Wenn Sie anfangs einen Samen setzen (Ihre anfängliche Investition), beginnt dieser zu wachsen. Während er wächst, entwickeln sich neue Äste (das sind Ihre Zinsen). Mit der Zeit beginnen diese Äste, eigene kleine Zweige zu bilden (das sind die Zinsen auf Ihre Zinsen). Über die Jahre wird aus einem einzelnen Samen ein großer, blühender Baum mit zahlreichen Ästen, die alle aus dem ursprünglichen Samen entstanden sind. Genauso wächst Ihre anfängliche Investition mit der Zeit durch den Zinseszins, da sich die Zinsen auf sich selbst aufbauen.

Morgan Housel beschreibt in seinem Buch »The Psychology of Money«, wie Warren Buffett sein Vermögen hauptsächlich durch Geduld aufgebaut hat: 81,5 Milliarden seiner 84,5 Milliarden Nettovermögen kamen nach seinem 65. Geburtstag.[15] Warren Buffett ist vielleicht nicht der erfolgreichste Investor. Aber er ist der geduldigste. Bereit, das lange Spiel zu spielen. Er sitzt zahlreiche Bullen- und Bärenmärkte aus und profitiert auf lange Sicht.

Historisch gesehen haben Aktien oder Anteile auf lange Sicht bessere Renditen als andere Investitionen erbracht. Ja, der Aktienmarkt geht rauf und runter, aber über viele Jahre hinweg geht er in der Regel nach oben. Das macht Aktien zu einer ziemlich soliden Option für die Altersvorsorge.

Tipps für einen guten Sparplan

Sparen ist ein lobenswerter erster Schritt. Eine effektive Investition ist es, was diese Ersparnisse wirklich vervielfacht. Hier sind einige grundlegende Prinzipien, die man im Kopf behalten sollte:

1. Minimieren Sie Kosten
Entscheiden Sie sich für kostengünstige Sparpläne und meiden Sie Trading-Apps. Beachten Sie eher Direktbanken für erschwingliche Wertpapierkonten. Setzen Sie auf Tracker-Fonds (ETFs), die breite Marktindizes widerspiegeln, und stellen Sie sicher, dass die laufenden Kosten niedrig sind (gute Fonds brauchen nicht mehr als

0,3 % kosten). Sogar eine große Zahl von Finanzberatern würde zustimmen, dass diese Fonds für die meisten Haushalte eine Leistung liefern, die »gut genug« ist.[16]

2. Investieren Sie regelmäßig und langfristig
Es braucht eine langfristige Vision, und Konstanz ist der Schlüssel. Investieren Sie regelmäßig und widerstehen Sie der Versuchung, das Portfolio zu häufig zu überprüfen und anzupassen. Tägliches Prüfen kann zu impulsiven Entscheidungen führen, oft getrieben von Marktpanik oder Euphorie. (Deshalb denke ich, dass eine Trading-App mit Vorsicht genutzt werden sollte. Sie fördert häufiges Überprüfen. Das ist kontraproduktiv und potenziell schädlich).

3. Investieren Sie zielorientiert
Setzen Sie sich persönliche Ziele. Ziele, die Sie erreichen möchten und die für Sie wichtig sind. Untersuchungen zeigen, dass zielorientierte Investoren eher den Kurs halten, auch in Krisenzeiten, und langfristig am Ehesten Erfolg haben.[17] Wenn die Märkte stark schwanken, dann kann es schwierig sein, langfristig zu denken – hierzu lesen Sie mehr in meinem kostenlosen E-Book »Cleveres Krisen-Mindset« (erhältlich auf Amazon oder auf der Website des GABAL Verlags). Aber welche langfristigen Ziele Sie sich setzen möchten (und an die Sie sich zu Krisenzeiten erinnern möchten), darüber erfahren Sie hier mehr.[18]

4. Diversifizieren Sie
Im Bereich der langfristigen Geldplanung ist die Diversifizierung von Vermögenswerten sehr wichtig. Investitionen in den Aktienmarkt bieten einen Weg, um Vermögen aufzubauen. Doch greifbare Vermögenswerte wie Immobilien dienen oft als zusätzlicher Grundpfeiler der langfristigen finanziellen Stabilität. Ich weiß, dass dieses Thema umstritten ist, besonders in Großstädten und Ballungsgebieten wie Hamburg, München, Berlin, Wien oder Zürich, wo Immobilienpreise für viele unerschwinglich sein können. Doch die Geschichte hat uns gezeigt, dass eine Immobilie nicht nur ein Ort zum Leben ist. Es geht auch darum, über einen wesentlichen Teil der Lebenshaltungskosten im Laufe der Zeit die Kontrolle zu haben.

Hypotheken – gut oder schlecht?

Eine Hypothekenzahlung ist mehr als nur eine Ausgabe; sie ist eine Form des »erzwungenen Sparens«. Eine Hypothek mag zunächst wie eine schwere monatliche finanzielle Verpflichtung erscheinen. Eine andere Sichtweise könnte jedoch sein, dass jede Zahlung nicht nur die Zinsen abdeckt, sondern im Laufe der Zeit auch Ihr Eigenkapital in der Immobilie erhöht. Dieser Ansatz verwandelt eine monatliche Ausgabe in ein langfristiges Vermögensgut. Bei vielen führt es zu finanzieller Stabilität und einem tiefen Gefühl von Sicherheit.

Unsere Financial-Wellbeing-Forschung am Centre for Behavioural Research lieferte interessante Ergebnisse: Diejenigen, die ihre Hypotheken bis zur Rente nicht abbezahlt haben oder mieten, sind finanziell häufig stark eingeschränkt. Sie haben deutlich weniger verfügbares Einkommen im Vergleich zu denen, die hypothekenfrei leben. Diese finanzielle Diskrepanz ist mehr als nur Zahlen auf einer Tabelle. Sie übersetzt sich in realen Stress und Angst für viele. Der finanzielle Puffer, der für ein komfortables Leben benötigt wird, ist für sie deutlich größer im Vergleich zu denen, die eine Hypothek abbezahlt haben.

Das verdeutlicht: Bei Immobilienbesitz geht es um mehr als die Zahlen. Der emotionale und psychologische Wert, den er bringt, ist unermesslich. Angesichts dieser Erkenntnisse lautet eine weitere Faustregel: Ziele darauf ab, eine Hypothek bis zum Rentenalter abgezahlt zu haben.

Genial einfach: die 50-30-20-Faustregel

Bis hierhin haben Sie viele Ratschläge und Faustregeln für den richtigen Umgang mit Geld im 100-Jahre-Leben bekommen. Warum all diese Faustregeln? Warum nicht etwas Konkreteres oder Spezifischeres?

Die Antwort ist einfach: Weil ich keine direkt auf Sie zugeschnittenen Aussagen treffen kann. Deshalb sind sie möglicherweise auch für Sie nicht perfekt. Es ist denkbar, dass es bessere, kosteneffizientere oder langfristig ertragreichere Alternativen gibt. Aber: Diese Ratschläge sind erwiesenermaßen für die große Mehrheit aller Haushalte »gut genug«. Die Investition von viel mehr Zeit, Mühen und Kosten auf marginal bessere Alternativen steht nicht im Verhältnis zum tatsächlichen Mehrwert.

Darüber hinaus: Faustregeln greifen auf unsere natürlichen, intuitiven Denkprozesse zurück.[19] Wir wissen natürlich, dass wir eigentlich budgetieren sollten. Immer hören wir, dass wir Einnahmen genau erfassen und Ausgaben checken sollten. Dass wir hierfür gründlich und ehrlich laufende Fixkosten (wie Miete oder Raten für Immobilienkredit, Telefon, Autosteuer, Fitnessstudio) und laufende Kosten (Kleidung, Freizeit, Unterhaltung, Urlaube) erfassen sollten. Sicher richtig. Aber es ist ein wenig so, als würden Sie Homer Simpson erklären, dass Doughnuts ungesund sind. Faktisch richtig. Aber wird das Wissen wirklich umgesetzt?

Faustregeln berücksichtigen, dass wir nicht alle Mr. Spocks sind. Sondern eher Homer Simpsons. Sie sind leicht verdaubar. Sie stimmen mit den kognitiven Tendenzen unseres Gehirns überein.

Betrachten wir zum Schluss des »Geld-Kapitels« eine weitere brillant einfache Faustregel: die 50-30-20-Regel.

Diese Faustregel besagt:

- 50 % des Nettoeinkommens sollten für Notwendigkeiten vorgesehen sein.
- 30 % können für Wünsche oder Bedürfnisse ausgegeben werden.
- 20 % sollten beiseitegelegt werden, um Ihre finanzielle Situation zu verbessern.

Hier zwei Beispiele:

- Angenommen, Robert verdient 2000 Euro netto pro Monat. Er gibt 1000 Euro für Miete, Rechnungen und Lebensmittel aus – idealerweise sind auch die Lebensversicherung und Berufsunfähigkeitsversicherung in diesen Fixkosten enthalten (50 %). 600 Euro gibt er monatlich für Freizeitaktivitäten oder einen bescheidenen Einkaufsbummel aus (30 %). Die verbleibenden 400 Euro nutzt er zum Sparen oder für die Schuldenrückzahlung (20 %).

- Tina verdient monatlich 5000 Euro. Davon gibt sie etwa 2500 Euro für ihre Hypothek, das Auto und andere wesentliche Dinge des täglichen Bedarfs aus (50 %). Ungefähr 1500 Euro hat sie für Urlaube, Technik-Gadgets oder fürs Essengehen übrig (30 %). Und 1000 Euro kann sie für ihre Ersparnisse oder zum Schuldenabbau nutzen.

Sie verstehen das Prinzip. Es ist wirklich ziemlich einfach.

Elizabeth Warren, die US-Senatorin, und ihre Tochter Amelia Warren Tyagi haben diese Faustregel in ihrem Buch »All Your Wealth« entwickelt.[20] Sie sahen eine politische Notwendigkeit dafür, denn früher mussten Banken, Hypothekengeber, Kreditkartenunternehmen und andere Finanzinstitutionen sicherstellen, dass ihre Kunden sich ihre Produkte leisten können. Das ist heute nicht mehr der Fall. Die Verantwortung, sicherzustellen, dass unser finanzielles Leben in Ordnung ist, liegt fest bei uns. Wir sind auf uns allein gestellt! Das kann überwältigend sein, frustrierend und schwer. Aber einfache Faustregeln können helfen.

Hinsichtlich der letzten 20 %, bedenken Sie, was Ihr richtiges finanzielles Ziel sein könnte: Wenn Sie mit hochverzinslichen Schulden (wie denen von Kreditkarten) zu kämpfen haben, nutzen Sie die 20 %, um Schulden abzubezahlen. Wenn noch kein Notfallfonds vorhanden ist, benutzen Sie 20 % Ihres Gehalts, ihn aufzubauen. Sobald Sie Ihre drängenden Schulden los sind und einen Notfallpuffer haben, sollten Sie mit den 20 % des Nettoeinkommens zum Übergangsfonds beitragen. Und natürlich sollten sie auch in die Altersvorsorge fließen.

Nehmen Sie sich hin und wieder die Zeit, um festzustellen, welchen Anteil Ihres Einkommen Sie für Notwendigkeiten, welchen für Bedürfnisse und welchen Anteil Sie zur Verbesserung Ihrer finanziellen Situation ausgeben. Ist es etwa 50-30-20? Oder ist es eher 50-25-25? Oder 40-30-30? Für letztere Szenarien kann es gute Gründe geben. Vielleicht haben Sie gerade eine Phase der Arbeitslosigkeit hinter sich und müssen wieder Ihren Übergangsfonds aufbauen? Oder Sie erkennen erst jetzt, mit Mitte 40, dass Sie noch gar nicht privat für den Ruhestand vorgesorgt haben? Dann lohnt sich eine Abweichung von dieser Faustregel. Aber vielleicht gibt es andere Gründe. Fragen Sie sich, warum Sie eine Abweichung von 50-30-20 für richtig halten. Was sagt das aus über Sie und über das, was Ihnen wichtig ist?

Wir greifen die 50-30-20-Faustregel später noch einmal auf. Dann erkläre ich, warum ich sie für einen cleveren Umgang mit den komplexen Abwägungen halte, die wir in einem 100-Jahre-Leben machen müssen.

Die 50-30-20-Regel an Beispiel von Anna

Wie könnte unsere Faustregel meiner Freundin, der Filmemacherin Anna von weiter vorne im Buch, helfen?

Annas Situation illustriert ein häufiges Dilemma: das Streben nach persönlicher Erfüllung in einem kreativen Beruf und gleichzeitig das Bedürfnis nach finanzieller Sicherheit. Ihr Engagement für ihr Handwerk und ihre Weigerung, für kommerziellen Erfolg Kompromisse einzugehen, sind einerseits bewundernswert. Aber hier ist vielleicht das Kernproblem: Sie ist fernab von 50-30-20. Sie rechnet nach und sagt, es ist eher so 70-25-5.

Anna hat zwar keine Schulden, aber sie hat auch keine Rücklagen – weder für Notfälle noch für Übergangsphasen. Sie hat auch so gut wie gar nichts für die Altersvorsorge zur Seite gelegt. Annas Wille, keine Kompromisse eingehen zu wollen, ist einerseits verständlich. Andererseits birgt er auch ein Risiko für ihr langfristiges Financial Wellbeing. Für Anna, so wie für jeden, der ein Multi-Stufen-Leben navigiert, ist es entscheidend, eine Balance zwischen der Verfolgung von Talenten, Interessen und Werten auf der einen Seite und finanzieller Sicherheit auf der anderen Seite zu finden. Die Integration einiger der besprochenen Prinzipien – wie das Anstreben eines Einkommens, das »gut genug« ist, die Bedeutung von Ersparnissen für Notfälle und Übergänge sowie für das spätere Leben – würde Anna eine stabilere Grundlage sowohl für die Gegenwart als auch für die Zukunft bieten. Es würde ihr ebenso erlauben, ihre kreative Reise fortzusetzen ohne die ständige Angst vor finanzieller Instabilität.

Die alte Theorie des »wahren« und des »falschen« Selbst des Psychologen Donald Winnicott ist hilfreich, wenn wir über das Gleichgewicht von finanzieller Sicherheit und persönlicher Erfüllung nachdenken.[21] Diese Theorie kann uns helfen zu verstehen, wie wir unsere innere Welt mit anderen äußeren Anforderungen in Einklang bringen können. Wir sollten anerkennen, dass wir ein wahres Selbst haben. Ein Selbst, das unsere wahren Gefühle und Wünsche repräsentiert. Aber ebenso gibt es ein falsches Selbst. Ein Selbst, das uns hilft, in der sozialen und beruflichen Welt zu navigieren und bestimmte Dinge zu akzeptieren. Vielleicht finden wir den Vorschlag eines Kollegen im Kern bescheuert (sagt das wahre Selbst). Aber wir sagen »Ja klar« und führen ihn einfach aus (durch das falsche Selbst).

Anna lebt sehr nach den Bedürfnissen und Wünschen ihres wahren Selbst. Sie riskiert jedoch ihr langfristiges Financial Wellbeing, weil sie kein falsches Selbst zulassen möchte. Wir alle können das vielleicht irgendwie verstehen. Ich bin auch im Berufsleben nicht immer mein wahres Selbst. Es gibt immer wieder Dinge, die mich frustrieren. Ich könnte ein Fass aufmachen. Aber wenn damit niemandem geholfen wäre, dann weise ich mein wahres Selbst in die Schranken und handle mit meinem falschen Selbst.

Die Akzeptanz beider Aspekte des Selbst führt zu größerem Selbstverständnis und Mitgefühl für uns selbst. Sie ermöglicht es uns, echte Beziehungen zu pflegen und gleichzeitig effektiv in unserer breiteren sozialen und beruflichen Welt zu agieren. Für Anna – und all die, die Anna in meiner Erzählung repräsentiert – bedeutet dies, dass sie sowohl ihre Leidenschaft für das Filmemachen (ihr wahres Selbst) als auch die Notwendigkeit finanzieller Sicherheit (ein Aspekt ihres falschen Selbst) anerkennen und integrieren muss. Sie sollte Wege finden, ihre kreative Integrität zu bewahren und gleichzeitig eine gewisse finanzielle Stabilität zu erreichen. Dies könnte bedeuten, Kompromisse zu finden, die ihre künstlerische Vision respektieren, während sie gleichzeitig realistisch über ihre finanziellen Bedürfnisse und Ziele bleibt. Indem sie eine Balance zwischen ihrem wahren Selbst und ihrem falschen Selbst findet, kann Anna sowohl ihrer Leidenschaft folgen als auch ihre finanzielle Zukunft sichern.

Wegweiser

Stellen Sie sich vor, Sie sitzen in einem Luxushotel. Sagen wir in Dubai. Sie lehnen sich in einem übergroßen weichen Sessel zurück und betrachten das Drumherum. Über Ihnen erstreckt sich eine hohe Decke, geschmückt mit einem Kronleuchter, der funkelt wie ein Sternenmeer. An einer Wand sehen Sie ein riesiges Aquarium, in dem exotische Fische in allen Farben des Regenbogens schwimmen. Daneben befindet sich ein Gruppe von Statuen, die aussehen, als wären sie direkt einer alten Mythologie entsprungen. Zwischen den Statuen plätschert ein künstlicher Wasserfall.

Da kommt ein kleiner Roboter auf Sie zugerollt. Er balanciert Champagnergläser auf einem Tablett. Er stoppt und reicht Ihnen mit mechanischer Präzision ein Glas. Sie trinken, atmen tief ein. Sie schmunzeln. Und Sie stellen sich ein paar Fragen:

- Ab wann ist ein Lebensstandard für mich »gut genug«? (Denken Sie an die Dinge, die für Ihr tägliches Wohlbefinden notwendig sind.)
- Welches monatliche Einkommen ist »gut genug«, um meine grundlegenden Bedürfnisse und einige meiner Wünsche zu erfüllen?
- Gibt es einen Punkt in meiner Karriere, an dem ich »gut genug« erreicht habe? Was kennzeichnet diesen Punkt?
- Was sind die immateriellen Aspekte meines Lebens, die bereits »gut genug« sind und durch mehr Geld nicht verbessert werden könnten?
- Wie definiere ich »gut genug« in Bezug auf meine Work-Life-Balance? Was ist für mich das optimale Gleichgewicht?
- Wann ist meine Wohnsituation »gut genug«? Welche Aspekte sind entscheidend für dieses Gefühl?

- Welche Aspekte meiner Kindheit kann ich rückblickend als »gut genug« betrachten?
- In welchen Bereichen meines Lebens habe ich bereits das Gefühl, mehr als »genug« zu haben? Wie gehe ich damit um?
- Was für ein Urlaub wäre für mich »gut genug«?

Halten wir einen Moment inne und rekapitulieren wir die Inhalte dieses Money-Kapitels:

- Wir haben festgestellt, dass Geld wichtig ist. Es ist – um die Metapher aus der Einleitung aufzugreifen – eine wichtige Zutat für ein erfolgreiches 100-Jahre-Leben.
- Dafür brauchen wir ein Einkommen, das »gut genug« ist.
- Schulden sollten vorsichtig gehandhabt werden. Es ist am besten, wenn die Schuldenzahlungen nicht über ein Drittel unseres Gesamteinkommens vor Steuern gehen.
- 3 Monatsgehälter sollten als Notfallersparnisse beiseitegelegt werden.
- Und 6 Monatsgehälter sollten in einem Übergangsfonds reserviert werden.
- Wir sollten einen Sparplan für unseren Ruhestand aufsetzen und genau befolgen.
- Und nicht zuletzt die 50-30-20-Faustregel zu einem festen Bestandteil unseres Finanzmanagements machen.

Mit diesem Wissen geht es jetzt weiter zum Money-Mindset.

Die Balance im Kopf: das Money-Mindset

Lassen Sie uns dieses Kapitel mit einem Quiz beginnen:

Wie hoch, glauben Sie, ist der Anteil der Deutschen, denen klar ist, dass sie Rücklagen brauchen?
A) 23 %
B) 51 %
C) 88 %

Wie hoch ist der Anteil der Deutschen, denen klar ist, dass sie nachhaltig mit Einnahmen und Ausgaben haushalten müssen?
A) 27 %
B) 48 %
C) 87 %

Und wie hoch ist der Anteil der Deutschen, denen klar ist, dass sie privat für den Ruhestand vorsorgen müssen?
A) 21 %
B) 42 %
C) 81 %[22]

Wenn Sie so gestimmt haben wie die meisten Menschen, mit denen ich diese Umfrage in landesspezifischen Variationen durchführe, dann haben Sie höchstwahrscheinlich immer A) oder B) gewählt. Die richtige Antwort allerdings ist immer die letzte: Antwort C.

Überrascht? Lassen Sie es mich mal ausformulieren:

- 88 % der Deutschen ist klar, dass sie Rücklagen brauchen.
- 87 % der Deutschen ist klar, dass sie nachhaltig mit Einnahmen und Ausgaben haushalten müssen.
- 81 % der Deutschen ist klar, dass sie privat für den Ruhestand vorsorgen müssen.

Der Punkt ist natürlich: Nur weil es den Leuten *klar* ist – oder nur weil sie es rational wissen –, heißt das noch lange nicht, dass sie auch danach handeln, ihr Wissen also auch *umsetzen*. Tatsächlich gibt es diverse Belege dafür, dass Menschen wider besseres Wissen handeln. Viele Menschen haben keine Rücklagen. Viele sind verschuldet. Und der Anteil derer, die privat vorsorgen, ist laut vielen Studien viel zu gering. Warum verhalten sich Menschen nicht so, wie sie wissen, dass sie es sollten? Vielleicht, weil sie es nicht können? Vielleicht, weil sie sich objektiv keine Rücklagen leisten können? Weil sie es nicht vermeiden können, Schulden anzuhäufen? Oder weil sie nicht über die Mittel verfügen, für den Ruhestand vorzusorgen?

All dies mag sicherlich eine Rolle spielen. Wie ja schon betont: Geld ist wichtig. Ohne Geld wird vieles schwierig. Aber das Mindset spielt ebenso eine Rolle. Die Balance im Bankkonto ist wichtig. Aber genauso wichtig ist die richtige Balance im Kopf.

Was die richtige Balance im Kopf beeinflusst, schauen wir uns in diesem Kapitel an.

Von Einstellungen, Glaubenssätzen und emotionalen Reaktionen

Wenn wir uns unserer Einstellungen, Glaubenssätze und emotionalen Reaktionen bewusst werden, ist schon viel gewonnen. Kommen Ihnen einige der im Folgenden beschriebenen bekannt vor?

Einstellungen

Einstellungen zum Geld formen die Art und Weise, wie wir unsere finanziellen Entscheidungen treffen. Jeder von uns trägt eine eigene Brille, die unsere Sicht auf Geld und Finanzen prägt.

Da ist zum Beispiel die Einstellung der *Risikoaversion*. Diese Sichtweise führt oft dazu, dass Sicherheit über Wachstum gestellt wird. Menschen mit dieser Einstellung neigen dazu, sicheren Anlagen wie Sparbüchern den Vorzug zu geben, auch wenn diese niedrige Zinsen bieten. Langfristig kann dies bedeuten, dass weniger Vermögen aufgebaut wird, als es bei einer ausgewogeneren Risikobereitschaft möglich wäre. Hier wird die Chance für finanzielles Wachstum möglicherweise verpasst.

Einige Menschen sind eher *Optimisten*, besonders wenn es um finanzielle Aussichten geht. Sie investieren in neue Ideen und Unternehmungen, oft ohne die damit verbundenen Risiken vollständig zu bedenken. Ihr unerschütterlicher Optimismus kann zu finanziellen Rückschlägen führen, da sie möglicherweise die Notwendigkeit von Rücklagen übersehen.

Geld fällt nicht vom Himmel ist eine weitere Einstellung. Sie kann zu extremer Sparsamkeit führen, die mehr schaden kann, als dass sie nützt. Diese Sichtweise führt dazu, dass wichtige Ausgaben, wie zum Beispiel für Gesundheit oder Fahrzeugwartung, aufgeschoben werden, um Geld zu sparen. Ironischerweise kann dies zu größeren, unerwarteten Kosten führen, wenn schließlich doch investiert werden muss.

Diese drei Beispiele illustrieren, wie unsere Einstellungen zu Geld unser finanzielles Verhalten beeinflussen. Ein Ungleichgewicht in diesen Einstellungen kann uns daran hindern, effektiv zu sparen und zu investieren. Sie können uns auch daran hindern, heute ein schönes Leben zu leben.

»Ich kaufe lieber beim günstigen Discounter als beim teuren Supermarkt und spare die Differenz in meiner Altersvorsorge« – dies ist eine Einstellung, in der auf Annehmlichkeiten hier und heute zugunsten des Erfolgs des zukünftigen Selbst verzichtet wird. Das ist nicht per se schlecht. Vor allem dann, wenn es keine andere Möglichkeit gibt, für die Zukunft zu sparen. Aber eventuell ist der (nicht-monetäre) Preis dieser Einstellung für das gegenwärtige Selbst zu hoch.

Glaubenssätze

Schauen wir nun auf Glaubenssätze. Glaubenssätze über Geld sind tief verwurzelte Überzeugungen, die unsere Einstellungen und Entscheidungen bezüglich Finanzen beeinflussen. Diese Überzeugungen sind oft durch persönliche Erfahrungen, kulturelle Einflüsse und familiäre Erziehung geprägt.

Ein häufiger Glaubenssatz ist zum Beispiel: *Geld bringt Glück*. Personen, die diesen Glaubenssatz verinnerlicht haben, neigen dazu, ihr Glück in materiellen Gütern zu suchen und über ihre Verhältnisse zu leben. Sie könnten Schwierigkeiten haben, ihre Ausgaben im Rahmen zu halten, da sie davon überzeugt sind, dass mehr Geld unweigerlich zu mehr Glück führt.

Ein anderer Glaubenssatz ist die Ansicht: *Finanzieller Erfolg ist vorwiegend eine Frage von Glück oder Schicksal*. Diese Überzeugung kann zu einer passiven Haltung in der Finanzverwaltung führen. Personen mit diesem Glaubenssatz sind oft der Meinung, dass ihre finanzielle Situation hauptsächlich durch äußere Umstände bestimmt wird, und vernachlässigen dabei die Dinge, die in ihrer eigenen Kontrolle sind.

Finanzielle Kämpfe sind ein normaler Teil des Lebens – ein weiterer verbreiteter Glaubenssatz. Menschen, die so denken, sehen Schulden oft als unvermeidlich an und fühlen sich machtlos, ihre finanzielle Situation zu verbessern. Diese Einstellung kann dazu führen, dass sie in einem Zyklus von finanziellen Problemen und Schulden gefangen bleiben.

Glaubenssätze unterscheiden sich von den alltäglichen Einstellungen zum Geld. Letztere sind eher oberflächliche Reaktionen auf finanzielle Situationen. Glaubenssätze jedoch erklären, warum wir so handeln, wie wir es tun. Sie sind die tief verwurzelten »Warums« hinter unseren finanziellen Entscheidungen.

Auch Glaubenssätze können uns ein schönes 100-Jahre-Leben vermiesen: Der Glaube eines 35-Jährigen, dass man jetzt die nächste Gehaltserhöhung anstreben sollte, denn »dies sind meine produktiven Jahre«, internalisieren ein Drei-Stufen-Leben, in dem produktive Jahre und Zeiten, in denen man von Ersparnissen lebt, ans Lebensalter gekoppelt werden. Die Geschichte von Dr. Ingmar Zöllner – dem S-Bahn-fahrenden ausgebildeten Augenarzt – ist vielleicht deshalb so beeindruckend, weil hier jemand den Glaubenssatz hinterfragte, dass man am Ende des Arbeitslebens eher den früheren Ruhestand anstreben sollte, als dass man noch mal neue Risiken eingeht.

Es ist einfach, andere zu beurteilen und zu sagen, dass ihr Umgang mit Geld verrückt ist. Wir sehen Menschen, die sich für luxuriöse Hochzeiten verschulden. Oder die Lottotickets kaufen, in riskante Aktien investieren oder übermäßige Summen für Hobbys ausgeben. Und dann denken wir schnell, dass solche Entscheidungen irrational sind. Doch es ist viel schwieriger zu erkennen, dass hinter diesem Konsum tief verwurzelte Glaubenssätze über Geld stecken.

Nehmen wir zum Beispiel teure Hochzeiten: Menschen die sich für eine opulente Hochzeit verschulden, könnten von dem Glaubenssatz geleitet sein, dass eine einmalige, extravagante Feier essenziell ist, um ihre Liebe und ihr Engagement zu beweisen. Dahinter steckt der Glaube, dass bestimmte Lebensereignisse einen hohen finanziellen

Aufwand rechtfertigen, unabhängig von den langfristigen finanziellen Konsequenzen.

Ist das verrückt?

Nun, ich glaube vielmehr, dass Menschen auf eine Weise handeln, die für sie in dem Moment Sinn macht und ihre persönlichen Überzeugungen und Wünsche widerspiegelt. Jeder Entscheidung liegt eine innere Rechtfertigung zugrunde, die für die betreffende Person völlig logisch ist. »Niemand ist verrückt«, wie Morgan Housel so schön schreibt. »Einschließlich uns selbst.«[23] Wir alle tragen nur unsere jeweiligen Glaubensannahmen mit uns herum.

Emotionale Reaktionen

Emotionale Reaktionen auf Geld sind ein weiterer wesentlicher Bestandteil unseres Money-Mindsets, der häufig unterschätzt wird. Sie umfassen spontane und intensive Gefühle, die in finanziellen Situationen auftreten und unser Verhalten maßgeblich beeinflussen. Diese Reaktionen können sowohl positiv als auch negativ sein und reichen von Freude und Erleichterung bis hin zu Angst und Stress.

Beispielsweise kann die Freude über eine unerwartete Gehaltserhöhung uns zu optimistischen und manchmal unvorsichtigen Ausgaben verleiten. Auf der anderen Seite kann der Stress, der durch den Erhalt einer hohen Rechnung ausgelöst wird, zu vorsichtigem oder sogar ängstlichem Verhalten führen. Solche emotionalen Reaktionen sind nicht nur augenblicklich und intensiv, sondern haben auch langfristige Auswirkungen auf unsere finanzielle Planung und Entscheidungsfindung.

Ein typisches Beispiel, bei dem emotionale Reaktionen eine Rolle spielen, ist die private Altersvorsorge. Obwohl viele Menschen die Notwendigkeit der Altersvorsorge rational verstehen, hindern sie emotionale Barrieren wie Angst oder Überforderung daran, entsprechende Maßnahmen zu ergreifen. Die Angst, nicht genug zu sparen oder die Komplexität der Finanzplanung nicht bewältigen zu können, kann lähmend wirken. Ebenso kann eine Haltung der Verleugnung oder Gleichgültigkeit gegenüber dem Ruhestand dazu führen, dass notwendige Schritte zur finanziellen Absicherung aufgeschoben oder ganz vermieden werden.

Diese emotionalen Reaktionen sind oft tief verwurzelt. Sie spiegeln unsere grundlegenden Einstellungen und Glaubenssätze über Geld wider. Sie könnten aus früheren Erfahrungen stammen. Oder aus familiären Einflüssen. So oder so haben sie einen starken Einfluss auf unser finanzielles Verhalten und unseren kurz- und langfristigen finanziellen Erfolg.

Um ein gesundes Money-Mindset zu entwickeln, ist es wichtig, sich dieser emotionalen Reaktionen bewusst zu werden und Strategien zu entwickeln, um sie zu managen. Dies kann beinhalten, dass man lernt, Emotionen in finanziellen Angelegenheiten zu erkennen, zu verstehen und konstruktiv damit umzugehen. Die Rolle von Emotionen im erfolgreichen 100-Jahre-Leben schauen wir uns im zweiten Teil noch genauer an. Vorübergehend halten wir fest: Durch ein Verständnis unserer Emotionen und emotionalen Reaktionen können wir fundiertere und ausgeglichenere finanzielle Entscheidungen treffen.

Vom inneren Affen und von Verzerrungen

Zu Beginn dieses Kapitels gab es ein Quiz. Die meisten finden die richtige Antwort überraschend: Obwohl viele Menschen *wissen*, was richtig wäre, handeln sie oft nicht entsprechend. Das wirft die Frage auf, ob finanzielle Bildung überhaupt nötig ist. Das ist eine politische Frage: Viele Regierungen legen viel Wert auf finanzielle Bildung und geben viel Geld aus für entsprechende Kampagnen.

Die Antwort ist ein klares »Ja«. Ja, wir brauchen Finanzbildung. Aber: Wir brauchen eine andere Art der Finanzbildung. Eine, die nicht allein technisches und funktionales Wissen vermittelt. Sondern eine, die uns hilft zu verstehen, wie unser Mindset unsere finanziellen Entscheidungen beeinflusst.

Der »innere Affe«

Ich werde manchmal gefragt, wie ich meinen achtjährigen Zwillingen den richtigen Umgang mit Geld beibringe. Meine Antwort: Wir besprechen weniger das Thema Geld selbst. Wir besprechen den »inneren Affen« – eine Idee von Steve Peters.[24] Der innere Affe symbolisiert den emotionalen und impulsiven Teil unseres Gehirns. Er reagiert schnell, oft ohne tiefere Überlegung, geleitet von Emotionen und Instinkten.

So funktioniert es bei meinen Kindern: Wenn laut Aussage der Kinder nur Pizza hilft, um den Hunger zu befriedigen, dann sagen wir: »Das bist nicht Du, das ist Dein innerer Affe.« Wenn die Schule eine Herausforderung darstellt und sie sich über die Lehrer ärgern, dann sage ich ihnen, dass es nicht die Lehrerin ist, die doof ist, sondern dass ihr innerer Affe ihnen sagt, dass die Lehrerin doof ist. Und wenn irgendwo etwas Glitzerndes, Funkelndes oder Verlockendes zum Verkauf angeboten wird, dann ist es nicht ihr vernünftiges Ich, das das kaufen will, sondern der innere Affe, der von der schimmernden Oberfläche angezogen wird. Indem wir den inneren Chimp identifizieren, lernen sie, zwischen impulsiven Wünschen und überlegten Entscheidungen zu unterscheiden.

Dieses Konzept des »inneren Affen« basiert natürlich auf Daniel Kahnemans Unterscheidung zwischen System 1 und System 2 des menschlichen Denkens. System 1 ist unser schneller, intuitiver und emotionaler Denkprozess. Während System 2 langsamer, überlegter und logischer ist.[25] Daniel Kahneman, ursprünglich ein Psychologe, wurde zu einer zentralen Figur in der Verhaltenswissenschaft. Schauen wir uns einige Schlüsselkonzepte aus den Verhaltenswissenschaften an, die unser Money-Mindset beeinflussen und prägen.

Verständlicherweise neigen wir dazu, den Weg des geringsten Widerstands zu wählen, besonders wenn es um finanzielle Entscheidungen geht. Die Nutzung von System 2, unserem langsamen und logischen Denkprozess, ist anstrengend. Es ist wie der Versuch, durch schweren Nebel zu navigieren – machbar, aber mühsam. Denn es erfordert Konzentration und Vorsicht. Daher ist es kaum überraschend, dass wir oft davor zurückschrecken. System 1, unser schnelles und intuitives Denksystem, ist immer aktiv. Es arbeitet leise im Hintergrund und beeinflusst unsere Entscheidungen, ohne dass wir es merken. Es ist wie ein Autopilot, der uns durch den Tag steuert. Dieses System bevorzugt den einfachen, mühelosen Weg. Es greift auf bekannte Muster und Gewohnheiten zurück und vermeidet alles, was Anstrengung oder Unbehagen verursacht.

Hier sind drei Beispiele dafür:

- Wenn wir von der Arbeit oder einem anderen regelmäßigen Ziel nach Hause fahren, übernimmt oft System 1. Wir denken vielleicht über andere Dinge nach oder hören Musik, während wir fahren.

Trotzdem erreichen wir das Zuhause, ohne aktiv über jede einzelne Abbiegung oder Handlung nachzudenken. Das Gehirn hat diesen Weg so oft gesteuert, dass er zur zweiten Natur geworden ist.

- Beim Einkaufen greifen wir oft zu den gleichen Produkten, ohne bewusst darüber nachzudenken. Unsere Wahl wird von langjährigen Präferenzen und Gewohnheiten gesteuert. Wir kaufen vielleicht immer die gleiche Marke von Brot oder Milch, einfach weil es das ist, was wir schon immer getan haben. Nicht weil wir bei jedem Einkauf erneut eine bewusste Entscheidung treffen.

- In sozialen Interaktionen reagieren wir oft automatisch mit Standardantworten wie »Mir geht's gut, danke« auf die Frage »Wie geht's?«. Ohne wirklich darüber nachzudenken, wie es uns tatsächlich geht. Diese automatisierten sozialen Höflichkeiten sind tief in unserem Verhalten verankert und werden von System 1 gesteuert.

In jedem dieser Beispiele wird deutlich, wie sehr wir uns im Alltag auf unser schnelles, automatisches Denken verlassen. System 1 ist also nicht schlecht. Im Gegenteil. Tatsächlich ist es ein entscheidender Teil unserer kognitiven Ausstattung. Ohne System 1 wäre unser tägliches Leben unerträglich kompliziert und anstrengend. Stellen Sie sich vor, Sie müssten über jede noch so kleine Handlung, jeden Schritt und jede Entscheidung bewusst nachdenken. Das würde zu einer kognitiven Überlastung führen und uns in unserer Handlungsfähigkeit stark einschränken.

System 1 ermöglicht es uns, schnell und effizient auf unsere Umgebung zu reagieren. Es ist verantwortlich für intuitive Urteile und automatisierte Reaktionen, die in vielen Situationen nicht nur hilfreich, sondern sogar überlebenswichtig sind. Beispielsweise, wenn wir instinktiv die Hand zurückziehen, nachdem wir versehentlich eine heiße Herdplatte berührt haben, oder wenn wir intuitiv einer Gefahr ausweichen, ohne erst lange darüber nachzudenken.

Dieses System ist das Ergebnis einer langen evolutionären Entwicklung. Es hilft uns, Muster zu erkennen und schnell auf bekannte Situationen zu reagieren, ohne dass unser Gehirn jedes Mal den energieaufwendigen Prozess des bewussten, analytischen Denkens durchlaufen muss. In vielen alltäglichen Situationen sind diese schnellen, intuitiven Entscheidungen nicht nur ausreichend, sondern oft auch die effektivste Art zu handeln.

Die Herausforderung liegt jedoch darin, zu erkennen, wann wir uns auf unser intuitives Denken verlassen können und wann wir innehalten und zu System 2, unserem langsameren, reflektierenden Denkprozess, wechseln sollten. Dies ist besonders in komplexen Situationen wichtig, in denen voreilige Entscheidungen zu suboptimalen Ergebnissen führen können.

In der Welt der Finanzen kann das unreflektierte Verlassen auf System 1 zu impulsiven Käufen, Vernachlässigung langfristiger Ziele oder Missachtung wichtiger Informationen führen. Daher ist es entscheidend, ein Gleichgewicht zwischen der schnellen, intuitiven Kraft von System 1 und der langsameren, überlegteren Analyse von System 2 zu finden. Dies ist ein entscheidender Teil eines erfolgreichen Money-Mindset.

Verzerrungen

Das 100-Jahre-Leben wirft Herausforderungen für unsere Finanzplanung und Lebensgestaltung auf. Es bedeutet eine längere Zeit der finanziellen Selbstversorgung. All die Jahre müssen gut geplant und finanziert werden. Die Notwendigkeit, ausreichende Mittel für Gesundheitsvorsorge, lebenslange Bildung und mögliche Karriereänderungen anzusammeln, erhöht den Druck auf unsere finanzielle Planung.

In einem 100-Jahre-Leben müssen wir komplizierte Abwägungen zwischen sofortigem Glück und zukünftiger Sicherheit treffen, was häufig finanzielle Opfer in der Gegenwart erfordert, um langfristig besser abgesichert zu sein. Diese Balance zwischen gegenwärtigem Genuss und zukünftiger Stabilität zu finden, erfordert ständige Anpassungen und Entscheidungen, die sowohl unser aktuelles Wohlbefinden als auch unsere langfristige finanzielle Gesundheit beeinflussen.

Verschiedene kognitive Verzerrungen beeinflussen, wie wir uns auf ein langes Leben vorbereiten. Oder eben nicht vorbereiten.

Der *Myopia-Bias*, auch als *Kurzsichtigkeitsverzerrung* bekannt, beschreibt unsere Tendenz, kurzfristigen Zielen mehr Gewicht beizumessen als langfristigen. Im Kontext eines 100-Jahre-Lebens bedeutet dies, dass wir oft die unmittelbaren Bedürfnisse und Wünsche über die langfristige Planung und Vorsorge stellen. Wir neigen dazu, Entscheidungen zu treffen, die sofortige Befriedigung bringen, selbst wenn diese Entscheidungen unsere langfristige finanzielle Sicherheit gefährden könnten. Diese Verzerrung führt dazu, dass wir die Bedeutung von frühzeitiger Planung und Investition in unsere Zukunft unterschätzen. Sei es in Bezug auf Karriere, Gesundheit oder Ruhestand.

Die Herausforderung liegt darin, uns die ferne Zukunft vorzustellen. Oder sie als real und dringend zu empfinden. Wir achten in der Regel mehr auf das, was direkt vor uns liegt – die nächsten Tage, Wochen oder Monate. Langfristige Ziele, wie ausreichend für ein 100-Jahre-Leben zu sparen oder in unsere kontinuierliche persönliche Entwicklung zu investieren, erscheinen uns oft weniger dringlich. Wir verschieben wichtige Entscheidungen und Maßnahmen, weil sie uns in der Gegenwart keinen unmittelbaren Nutzen bringen.

Der *Optimismus-Bias* lässt uns die Welt durch eine rosarote Brille sehen. Wir neigen dazu, die Wahrscheinlichkeit von positiven Ereignissen in unserem Leben zu überschätzen. Gleichzeitig unterschätzen wir die möglichen Risiken. In der Finanzplanung, insbesondere bei der Planung eines 100-Jahre-Lebens, kann dieser Bias gefährlich sein. Er verleitet uns dazu, anzunehmen, dass wir weniger sparen müssen, da wir erwarten, gesund zu bleiben, länger zu arbeiten oder einfach Glück zu haben. Diese überoptimistische Haltung kann uns unvorbereitet auf Herausforderungen wie unerwartete Gesundheitsausgaben oder Veränderungen im Arbeitsmarkt lassen.

Der *Status-quo-Bias führt* dazu, dass wir an aktuellen Situationen festhalten, selbst wenn Veränderungen klar vorteilhaft wären. Dies ist besonders relevant, wenn man bedenkt, dass ein 100-Jahre-Leben eine flexible, anpassungsfähige Haltung erfordert. Menschen mit einem starken Status-quo-Bias könnten Schwierigkeiten haben, ihre Finanzstrategien zu überdenken, sich beruflich weiterzuentwickeln oder notwendige Änderungen in ihrer Lebensweise vorzunehmen. Sie bleiben bei gewohnten Mustern und Entscheidungen, selbst wenn diese für ein langes und erfülltes Leben nicht optimal sind.

Diese Verzerrungen sind nur einige Beispiele aus einem großen Pool, den Verhaltenswissenschaftler identifiziert haben. Sie verdeutlichen, warum uns die Planung eines 100-Jahre-Lebens so schwerfällt. Es geht hier weniger um rationale Schwierigkeiten – rational verstehen wir das Konzept. Die wahre Herausforderung ist mentaler Natur. Sie liegt im Bereich unseres Money-Mindsets.

Scannen Sie den QR-Code

In diesem Webinar erkläre ich, welche typischen Denkfehler unseren langfristigen finanziellen Erfolg verhindern.

Vom Knappheitsdenken und von »Slack«

Zum richtigen Money-Mindset für ein 100-Jahre-Leben gehört auch der richtige Umgang mit dem »Knappheits-Mindset«. Dieses »Knappheits-Mindset« ist ein zentrales Thema im gleichnamigen Werk von Sendhil Mullainathan, einem renommierten Ökonomen, und Eldar Shafir, einem führenden Psychologen. In ihrem Buch »Scarcity: Why Having Too Little Means So Much«[26] beleuchten sie, wie das Gefühl von Knappheit – ob es sich um Zeit, Geld oder andere Ressourcen handelt – unsere kognitive Kapazität einschränkt und uns dazu bringt, uns auf das unmittelbar Dringende und Knappe zu konzentrieren. Das Problem: Durch diesen einseitigen Fokus auf Knappheit treten andere ebenso wichtige Dinge in den Hintergrund. Diese sogenannte »Knappheitsfalle« führt dazu, dass wir in einem Zustand der ständigen kurzfristigen Krisenbewältigung verharren. Auf Kosten langfristiger Perspektiven und Lösungen.

Das Knappheitsdenken

Ein Knappheits-Mindset konnte man zum Beispiel in Zeiten hoher Inflation sehen. In dieser Phase richteten wir unsere Aufmerksamkeit häufig einseitig auf steigende Preise. Wir gingen zum Bäcker und sahen, dass Brötchen schon wieder teurer geworden sind. Ebenso verhielt es sich mit der Butter, Spülmaschinentabs, den Geschenken für die Kinder und so weiter. In Zeiten hoher Inflation ist es schwer, nicht darauf zu achten, ob oder dass Dinge wieder teurer geworden sind. Das hat sofort Konsequenzen: Wir kaufen vielleicht weniger oder billiger oder es werden Maßnahmen wie kürzere Duschen und das Herunterfahren der Heizung ergriffen. Damit werden die Kosten etwas gesenkt. Diese Reaktionen sind verständlich und sie können helfen. Sie erfüllen in diesem Moment ein unmittelbares Bedürfnis nach finanzieller Entspannung.

Was ist das Problem? Der einseitige Fokus auf Knappheit birgt die Gefahr, dass wir in eine Knappheitsmentalität verfallen. Eine solche Mentalität führt dazu, dass wir nur auf die unmittelbaren Probleme bedacht sind. Das große Ganze wird vernachlässigt. Das große Ganze ist natürlich, dass diese Zeit der hohen Inflation nur ein Ereignis von vielen in unserem längeren, gesünderen Leben sein wird. Ich denke, es ist wichtig, sich der Tatsache bewusst zu sein, dass alles, was hier und jetzt geschieht, im Zusammenhang mit einer längeren Lebensspanne steht. Wir dürfen nicht vergessen, dass wir länger leben, auch wenn die Zeiten heute schwierig sind.

(Erlauben Sie mir die Anmerkung: Hinter den Schlagzeilen, die uns an die Krise der Lebenshaltungskosten erinnern, steht meiner Meinung nach auch ein etwas naiver Optimismus. Es wird irgendwie suggeriert, dass wir in einer Welt leben, in der die Preise stabil bleiben sollten. Man akzeptiert nicht, dass es von Zeit zu Zeit Phasen der Inflation und Deflation gibt. Ironischerweise bedeutet die Vorbereitung auf ein glückliches 100-jähriges Leben auch, etwas pessimistischer zu sein.)

Dieser einseitige Fokus auf die Knappheit läuft Gefahr, uns in ein Knappheits-Mindset zu versetzen. Ein solches Mindset konzentriert sich vorrangig auf das unmittelbare Überleben und vernachlässigt dabei das große Ganze. Wie zum Beispiel die Notwendigkeit, sich auf ein längeres und gesünderes Leben vorzubereiten – ein Leben, das unweigerlich von verschiedensten Krisen geprägt sein wird.

Im vorherigen Kapitel zum Geld sprachen wir davon, dass wir Rücklagen für Notfälle brauchen. Und dass wir Rücklagen für Übergangsphasen brauchen. Dies sind finanzielle Ressourcen, die uns in schlechten Zeiten helfen. Solche Rücklagen tun aber mehr als das. Sie stopfen nicht nur finanzielle Löcher. Sie geben uns »Slack«.

Slack

Slack ist das Gegenteil eines Knappheits-Mindset. Es ist die mentale Seite von finanziellen Rücklagen. Während finanzielle Rücklagen uns Puffer im Bankkonto geben, gibt Slack uns Puffer in unseren Köpfen.

Slack in unserem Kopf ermöglicht es uns, weniger Stress zu erleben und klarer und kreativer über unsere finanziellen und Lebensentscheidungen nachzudenken. Es schafft mentalen Raum für strategisches Denken und langfristige Planung, anstatt ständig von unmittelbaren finanziellen Druckmomenten in Anspruch genommen zu werden.

Slack ist im 100-Jahre-Leben besonders relevant. Ein Knappheits-Mindset, das auf kurzfristige Überlebensstrategien fokussiert ist, kann uns daran hindern, die Möglichkeiten eines längeren Lebens voll auszuschöpfen. Es kann dazu führen, dass wir in ungeliebten Jobs verharren, weil sie die Miete bezahlen, oder dass wir uns keine Zeit für gesundheitliche Prävention wie den Besuch eines Fitnessstudios gönnen. Slack – oder mehr mentale Bandbreite – ermöglicht es uns jedoch, über den Tag hinaus zu denken und aktiver an unserer langfristigen Lebensgestaltung zu arbeiten.

Die Akzeptanz eines Knappheits-Mindset hilft uns bei diversen Entscheidungen – nicht nur finanziellen. Es hilft uns, die mentalen Barrieren, die uns in der Knappheitsfalle halten, zu erkennen und zu überwinden. Dies beinhaltet, die Gewohnheit des ständigen Sorgens um das unmittelbare Auskommen zu durchbrechen und stattdessen einen breiteren, ganzheitlichen Ansatz zu verfolgen. Anstatt ständig auf das Fehlende zu fokussieren, geht es darum, trotz allem unsere vorhandenen Ressourcen und Möglichkeiten zu erkennen und zu nutzen, um eine erfüllendere und sicherere Zukunft aufzubauen.

Wegweiser

Sie reisen durch Frankreich. Es ist ein warmer Herbsttag. Durch Zufälle – vielleicht eine Empfehlung vom Betreiber des letzten B&B oder der Frau, die hinter Ihnen an der Kasse stand – suchen Sie ein lokales Kloster auf. Sie gehen durch die Räumlichkeiten des Klosters. Ihnen gefällt die andächtige Stimmung. Ihre Schritte hallen nach.

Sie gelangen in einen Innenhof und sehen: Trotz des schönen Wetters sind nur wenige Touristen da. Sie suchen einen Sitzplatz und finden einen am Brunnenrand in der Mitte des Hofes. Ihr Blick gleitet durch das Areal. Sie betrachten die symmetrische Architektur, die Ruhe und Beständigkeit ausstrahlt. Die liebevoll gepflegten Blumenbeete und Gärten, vielleicht seit Jahrhunderten so erhalten, erinnern an die Mönche, die hier einst in Besinnung lebten. Hier sitzen Sie. Und Sie fangen an, über sich und Ihre eigenen Überzeugungen nachzudenken.

Welche zwei der folgenden Stichwörter treffen am ehesten auf Ihre Ansicht über Geld zu?
- Freiheit
- Verantwortung
- Macht
- Glück
- Sicherheit
- Last

Stellen Sie sich diese fünf verschiedene Geld-Persönlichkeiten vor:
- Der Sparsame
- Der Verschwender
- Der Investierende

- Der Gleichgültige
- Der Großzügige

Bewerten Sie jede Persönlichkeit auf einer Skala von 1 (das bin überhaupt nicht ich) bis 5 (das bin genau ich).

Hier sind 5 populäre Glaubenssätze über Geld. Bewerten Sie jeden Glaubenssatz auf einer Skala von 1 (dem stimme ich überhaupt nicht zu) bis 5 (da stimme ich voll zu):

- Geld ist die Wurzel allen Übels.
- Geld bietet Sicherheit und Stabilität im Leben.
- Geld korrumpiert den Charakter.
- Mit Geld kann man Träume verwirklichen.
- Geld ist nicht wichtig für das Glück.

Wir schließen den ersten Teil an dieser Stelle ab.

Hoffentlich sind ein paar Dinge klar geworden:

- Wir brauchen Geld. (Ja, ich wiederhole mich, aber dieser Punkt ist nun mal zentral.) Ohne Geld wird es schwer. Konkreter: Wir brauchen ein Einkommen, das »gut genug« ist. Wir brauchen Rücklagen für Notfälle. Wir brauchen ebenso Rücklagen für Übergangsphasen. Für noch längere Zeithorizonte brauchen wir Sparpläne in diversifizierten Portfolios. Eigentum spielt eine Rolle. Für Letzteres lohnt es sich, sich zu verschulden. Solche Schulden sind in Ordnung, da sie in Gegenstände gehen, die eine realistische Chance haben, langfristig an Wert zu gewinnen. Schulden sind dann schlecht, wenn sie für Dinge angewandt werden, die eher an Wert verlieren. Mit der 50-30-20-Faustregel kriegen wir all das unter einen Hut.

- Aber Geld ist nicht alles. Und Wissen über den richtigen Umgang mit Geld ist ebenso nicht alles. Ebenso wichtig für finanziellen Erfolg sind richtige Einstellungen, Glaubensannahmen, emotionale Reaktionen – oder zumindest ein Verständnis dafür, woher das eigene Money-Mindset kommt. Ohne ein Verständnis davon, frei nach

Carl Jung, halten wir unsere finanziellen Ergebnisse einfach nur für unser Schicksal. Sie sind nicht, oder nicht nur, unser Schicksal.

- Das Konzept des Financial Wellbeing erkennt beide Dimensionen – Geld und Mindset – an. Es geht nicht nur um die Balance auf dem Geldkonto. Es geht ebenso um die Balance im Kopf. Das alles unterscheidet den Ansatz von Financial Wellbeing vom Streben nach finanzieller Unabhängigkeit. Vereinfacht kann man sagen: Beim Ziel »finanzielle Unabhängigkeit« geht man davon aus, dass eine bestimmte Menge and Geld automatisch gut ist und das Leben besser macht. Dass dem nicht so ist, sahen wir an den Buddenbrooks.

- Die Buddenbrooks, so wie viele andere, die sich finanzielle Unabhängigkeit als Ziel gesetzt haben, vermuteten, dass Geld für ein erfolgreiches schönes Leben die wichtigste Zutat ist. Erinnern Sie sich an die Zutaten-Metapher? Für ein gutes Leben brauchen Sie nicht nur Geld, sondern *auch* Geld. So wie Sie für ein Brot nicht nur Mehl brauchen, sondern Mehl und andere Zutaten. Befürworter finanzieller Unabhängigkeit sind fest davon überzeugt, dass Geld die wichtigste Zutat eines erfüllenden Lebens ist. Was ihnen jedoch oft entgeht, ist, dass der Weg zur Anhäufung von Reichtum seine eigenen inhärenten Kompromisse und verpassten Chancen mit sich bringt. Wie die Buddenbrooks zahlen sie für finanzielle Unabhängigkeit mit brüchigen familiären Bindungen, Missachtung von Dingen, Erfahrungen und Aktivitäten, die das Leben schön und sinnvoll machen, sowie mit einer instinktiven Ablehnung der Introspektion, die notwendig ist, um überhaupt herauszufinden, was das sein könnte. Sie sind sich der Vorteile von Geld sehr bewusst. Sie schenken den Vorteilen, bestimmte Gelegenheiten zur Geldvermehrung auszulassen, jedoch wenig Beachtung.

Ich muss zugeben, dass mich all diese Berichte von Individuen stören, die ihre cleveren Tricks für finanzielle Unabhängigkeit predigen. Es ist nicht so einfach, mit ETF-Sparplänen, Mietwohnungen, Bitcoin oder was auch immer finanziell unabhängig zu werden. Viele der Prediger hatten einfach Glück. Sie würden vielleicht behaupten, sie hatten das richtige Money-Mindset. Aber Money-Mindset ist nicht die Fähigkeit, allein durch die Vorstellung positiver Ziele diese Ziele auch zu erreichen. Daniel Crosby sagte es so schön: Man kann finanziell erfolgreich sein und trotzdem ein Idiot.[27] Er sagte auch: »Traue dir selbst« ist ein ganz schlechter Tipp.[28] Wichtiger ist es, zu verstehen, woher das eigene Money-Mindset kommt und wozu es einen verleitet.

Vielleicht sollte ich mich nicht aufregen über die Prediger von finanzieller Unabhängigkeit und der Kraft von positiver Haltung. Schließlich sind wir alle ein bisschen merkwürdig, wenn es um Geld geht. Es verwirrt uns alle ein wenig. Und die finanzielle Planung für ein 100-Jahre-Leben ist besonders verwirrend. Vor allem auch deshalb, weil wir, menschheitsgeschichtlich betrachtet, in dieser Hinsicht noch absolute Anfänger sind.

Schauen wir uns das jetzt im zweiten Teil genauer an.

TEIL 2

Evolution und Emotionen: der richtige Umgang mit Geld

Unsere Spezies, der Homo sapiens, existiert seit etwa 300.000 Jahren. Würde man die gesamte Geschichte der Menschheit in einem Kalenderjahr erzählen, dann wäre dieser Zeitpunkt, als die Ersten unserer Gattung in Ostafrika erschienen, der 1. Januar. Und jetzt gerade wäre es kurz vor Mitternacht am 31. Dezember.

	Januar							Februar							März					
Mo	Di	Mi	Do	Fr	Sa	So	Mo	Di	Mi	Do	Fr	Sa	So	Mo	Di	Mi	Do	Fr	Sa	So
									1	2	3	4			1	2	3	4	5
1	2	3	4	5	6	7	5	6	7	8	9	10	11	6	7	8	9	10	11	12
8	9	10	11	12	13	14	12	13	14	15	16	17	18	13	14	15	16	17	18	19
15	16	17	18	19	20	21	19	20	21	22	23	24	25	20	21	22	23	24	25	26
22	23	24	25	26	27	28	26	27						27	28	29	30	31		
29	30	31																		

	April							Mai							Juni					
Mo	Di	Mi	Do	Fr	Sa	So	Mo	Di	Mi	Do	Fr	Sa	So	Mo	Di	Mi	Do	Fr	Sa	So
					1	2	1	2	3	4	5	6	7				1	2	3	4
3	4	5	6	7	8	9	8	9	10	11	12	13	14	5	6	7	8	9	10	11
10	11	12	13	14	15	16	15	16	17	18	19	20	21	12	13	14	15	16	17	18
17	18	19	20	21	22	23	22	23	24	25	26	27	28	19	20	21	22	23	24	25
24	25	26	27	28	29	30	29	30	31					26	27	28	29	30		

	Juli							August							September					
Mo	Di	Mi	Do	Fr	Sa	So	Mo	Di	Mi	Do	Fr	Sa	So	Mo	Di	Mi	Do	Fr	Sa	So
					1	2		1	2	3	4	5	6					1	2	3
3	4	5	6	7	8	9	7	8	9	10	11	12	13	4	5	6	7	8	9	10
10	11	12	13	14	15	16	14	15	16	17	18	19	20	11	12	13	14	15	16	17
17	18	19	20	21	22	23	21	22	23	24	25	26	27	18	19	20	21	22	23	24
24	25	26	27	28	29	30	28	29	30	31				25	26	27	28	29	30	
31																				

	Oktober							November							Dezember					
Mo	Di	Mi	Do	Fr	Sa	So	Mo	Di	Mi	Do	Fr	Sa	So	Mo	Di	Mi	Do	Fr	Sa	So
						1		1	2	3	4	5						1	2	3
2	3	4	5	6	7	8	6	7	8	9	10	11	12	4	5	6	7	8	9	10
9	10	11	12	13	14	15	13	14	15	16	17	18	19	11	12	13	14	15	16	17
16	17	18	19	20	21	22	20	21	22	23	24	25	26	18	19	20	21	22	23	24
23	24	25	26	27	28	29	27	28	29	30				25	26	27	28	29	30	31
30	31																			

Mensch wird sesshaft
Mensch erfindet Geld
18 Uhr: Mensch erfindet Ruhestand

Vor 70.000 bis 80.000 Jahren (also irgendwann im Oktober) verließen unsere Vorfahren Afrika und verteilten sich bis über den Globus. Bis vor rund 12.000 Jahren – also bis zum 13. Dezember in dieser Jahresanalogie – lebten sie als nomadische Jäger und Sammler. Das durchschnittliche Lebensalter überschritt selten 30 Jahre. Als wir sesshaft wurden, begannen wir, Land zu bewirtschaften. Das führte zur Gründung der ersten Zivilisationen.

Vor etwa 4000 Jahren, am 23. Dezember des metaphorischen Jahres, zirkulierten die ersten geldähnlichen Artefakte und Münzen.

Und erst vor 150 Jahren, symbolisch um 18 Uhr am heutigen Silvesterabend, formte sich unsere heutige Vorstellung vom Ruhestand.

So betrachtet ist es kaum verwunderlich, dass uns die Anforderungen eines langen Lebens gelegentlich überwältigen. Im Kontext der Menschheitsgeschichte sind wir schlichtweg Anfänger in der Kunst, ein langes Leben zu gestalten.

In diesem Abschnitt beleuchten wir die evolutionären Schwierigkeiten, die sich bei der Planung eines 100-Jahre-Lebens ergeben.

Steinzeitdenken: Warum uns der Umgang mit Geld so schwerfällt

Man könnte es für absurd halten, dass so etwas wie ein Money-Mindset existiert. Warum stehen so alberne Dinge wie Emotionen, Überzeugungen, Einstellungen und Instinkte unserem richtigen finanziellen Verhalten im Weg? Schließlich sind wir Homo sapiens. Wir sind keine Affen, keine Kängurus oder Pinguine. Wir sind nicht einmal Homo neanderthalensis, nicht Homo erectus und nicht Homo habilis.

Wir sind Homo sapiens. Das bedeutet wörtlich »vernunftbegabte« oder »weise Menschen«.

Wir gaben uns diesen Namen, um unsere Fähigkeit zu komplexem Denken und signifikanter intellektueller Entwicklung im Vergleich zu anderen Arten zu betonen. »Homo sapiens« erfasst die einzigartigen kognitiven Fähigkeiten des Menschen: zum Beispiel Vernunft und die Fähigkeit, komplexe Kultur und Technologie zu erschaffen.

Die anderen Menschenarten, die vor Tausenden von Jahren diesen Planeten mit uns bewohnten, waren vielleicht stark. Sie hatten vielleicht einzigartige Fähigkeiten, sich an ihre Umgebung anzupassen und Herausforderungen zu bewältigen. Aber *wir* sind diejenigen, die gediehen und sich weiterentwickelten. Die anderen starben aus.

In diesem Kapitel gehen wir zurück in die Jäger-und-Sammler-Zeit unserer Vorfahren. Ich weiß nicht, welche Namen sich die Menschen damals gaben, also nennen wir sie stellvertretend »Adam« und »Eva«.

Die Welt von Adam und Eva und ihr tägliches Leben unterschieden sich natürlich erheblich von dem unsrigen heute. Sie lebten in kleinen nomadischen Gruppen von etwa 150 Menschen. Sie waren ständig in Bewegung, auf der Suche nach Nahrung, Wasser und Unterkunft. Ihr Leben wurde von den Jahreszeiten und der Verfügbarkeit von Ressourcen bestimmt. Das führte dazu, dass sie den Wanderungsmustern der Tiere folgten, die sie jagten, und den Wachstumszyklen der Pflanzen, die sie sammelten. Ihre süßesten Freuden waren reife Früchte. Stellen Sie sich Eva vor, wie sie auf eine Ansammlung von saftigen wilden Erdbeeren stößt. Sofort holt sie Adam, und sie genießen sie gemeinsam, wissend, dass wenn sie es nicht tun, die nahe wohnenden Höhlenbären die Früchte schnell verzehren würden.

Dieser Instinkt, hochkalorische und süße Nahrung schnell zu genießen, war damals ein wesentliches Überlebensmerkmal. Er ist noch heute tief in unserer DNA verankert. Deshalb verschlingen wir genauso Schokoladenriegel, Eiscremes und andere Süßigkeiten wie damals Eva die Erdbeeren. Ein gutes Beispiel dafür, dass wir heute noch dieselben physischen, emotionalen und kognitiven Charakteristiken haben wie unsere Vorfahren vor Tausenden von Jahren. Aber während ihnen bestimmte Instinkte damals gut dienten, ist dies heute oft nicht mehr der Fall. In den Tagen von Adam und Eva war Langlebigkeit überhaupt keine Option. Entsprechend gab es überhaupt keine Notwendigkeit, über die langfristigen Konsequenzen schlechter Nahrung nachzudenken. Ebenso wenig gab es eine Notwendigkeit, Ersparnisse für die Zukunft aufzubauen. Heute müssen wir immerzu abwägen: zwischen heute und der Zukunft. Unsere natürlichen Überlebenstaktiken aus der Vergangenheit stimmen also oftmals nicht mehr mit den heutigen Notwendigkeiten überein. Kein Wunder, dass wir da überfordert sind.

Emotion und Vernunft damals wie heute

Wir neigen dazu, Kognition, Motivation und Emotion als separate Entitäten zu betrachten. Zum Beispiel, wenn wir sagen: »Jetzt lass mal die Emotionen beiseite und schau dir rational an, wie ...«. Doch diese Trennung funktioniert nicht. Unter »Kognition« versteht man alle Vorgänge, die beim Denken und Wahrnehmen ablaufen. Also unsere Denkprozesse und die Informationsverarbeitung im Gehirn. Emotionen sind unsere Gefühlserfahrungen. Sie können sowohl intensiv als auch subtil sein. Und Motivation ist der Antrieb, der uns zum Handeln bewegt.[29] Diese drei Elemente sind eng miteinander verwoben. Sie beeinflussen sich gegenseitig in unserer täglichen Erfahrung.

Neurowissenschaftlich betrachtet funktioniert das Zusammenspiel von Kognition und Emotion ungefähr so: Mitspieler in unserem Gehirn sind der präfrontale Kortex und die Amygdala. Der präfrontale Kortex heißt auch »Stirnhirn«, weil er direkt hinter unserer Stirn sitzt. Der präfrontale Kortex ist für höhere Denkprozesse und die Entscheidungsfindung zuständig. Er interagiert dabei eng mit der Amygdala, dem Teil unseres Gehirns, der für die emotionale Verarbeitung von Informationen zuständig ist. Diese Verbindung ermöglicht es, dass Emotionen unsere kognitiven Prozesse beeinflussen, indem sie unsere Wahrnehmung, Aufmerksamkeit und unser Urteilsvermögen formen.

Angst, Neugier und Hoffnung sind Beispiele für Emotionen, die nicht isoliert von Kognition und Motivation existieren. Sie sind vielmehr integrative Erfahrungen, die unsere Wahrnehmung, unser Denken und unser Handeln beeinflussen. Angst kann zum Beispiel als Warnsignal dienen, das uns zu vorsichtigerem Denken und Handeln anregt. Neugier öffnet uns für neue Ideen und fördert kreative Problemlösungen. Hoffnung wiederum kann unsere Resilienz stärken und uns dazu motivieren, trotz Schwierigkeiten und Herausforderungen weiterzumachen.

Es ist jedoch nicht so, dass Emotionen immer zuerst kommen und dann Kognition und Motivation folgen. Oft beginnt der Prozess mit einem rationalen Gedanken oder einer motivierten Handlung, die dann emotionale Reaktionen hervorrufen. Diese emotionale Rückmeldung kann wiederum unsere kognitiven Prozesse und Entscheidungen beeinflussen. Emotionen können dann wie eine zusätzliche Perspektive in der Entscheidungsfindung betrachtet werden. Ähnlich wie in einem Team, wo verschiedene Blickwinkel und Expertisen zusammenkommen, liefern Emotionen wichtige Informationen und Einsichten, die rein kognitive Überlegungen ergänzen und bereichern.

Bei einem Jobangebot zum Beispiel analysieren Sie vielleicht zuerst eher rational die Vor- und Nachteile des Angebots. Der präfrontale Kortex ist dabei aktiv in der logischen Bewertung der Situation. Gleichzeitig spielt die Amygdala eine Rolle, indem sie emotionale Reaktionen wie Angst vor Veränderung, Neugier auf neue Herausforderungen und Hoffnung auf berufliche Verbesserung in den Entscheidungsprozess einbringt.

Sie sehen, Emotionen sind keineswegs nur Störungen des rationalen Denkens. Sie sind ein integraler Bestandteil unserer Kognition und Motivation. Sie bereichern unser Verständnis der Welt und sind möglicherweise sogar der Grund, warum wir überhaupt denken und wahrnehmen. Emotionen sind nicht nur Begleiterscheinungen unserer Gedanken und Taten. Sie sind vielmehr wesentliche Elemente, die unser Erleben und Handeln prägen.

Das ist heute so. Und das war vor Tausenden von Jahren genauso. Es ist menschlich. Betrachten wir kurz, wie diese Wechselwirkung von Emotion, Motivation und Kognition in unseren Jäger-und-Sammler-Jahren zum Tragen gekommen sein könnte:

Adam und Eva lebten in einer nomadischen Gruppe von ungefähr 150 Menschen. Ihr Lebensstil war geprägt von ständiger Wanderung, auf der Suche nach Nahrung und Ressourcen. Sie lebten in engem Einklang mit der Natur und waren abhängig von den Gegebenheiten ihrer Umwelt, was wiederum ihre täglichen Aktivitäten und Entscheidungen beeinflusste. Eines Tages stieß die Gruppe von Adam und Eva bei ihrer Wanderung auf ungewohnte Spuren. Die unklare Bedrohung löste Angst aus. Diese Emotion resultiert in Vorsicht. Die Gruppe entschied sich entsprechend, die Spuren zu meiden und einen sicheren Weg zu wählen. Die Motivation, Sicherheit für ihre Gruppe zu suchen, folgte direkt aus der Angst und dem daraus resultierenden vorsichtigen Denken.

Bei einer anderen Gelegenheit stießen sie auf eine unbekannte Pflanze. Die Neugier einiger Gruppenmitglieder wurde geweckt. Angetrieben von dieser Emotion, erforschten sie die Pflanze näher, trotz des Risikos, das damit verbunden sein könnte. Ihre Kognition, angeregt durch die Neugier, führte sie dazu, zu überlegen, ob die Pflanze essbar sein könnte. Einige probierten es.

Als eine Dürre ihre Nahrungsquellen bedrohte, wurde die Hoffnung zur treibenden Kraft. Hoffnung ermöglichte es Adam, Eva und ihrer Gruppe, trotz der schwierigen Umstände weiterzumachen. Sie motivierte sie, neue Nahrungsquellen zu suchen, und beeinflusste ihre Entscheidungsfindung, indem sie sich für unerforschte Gebiete entschieden, in der Hoffnung, dort Wasser und Nahrung zu finden.

In diesen Beispielen kommt die Emotion zuerst. Handlung und vernünftiges Abwägen folgt. Aber nicht immer kommen Emotionen zuerst.

Manchmal trafen Adam und Eva zuerst rational Entscheidungen, wie die Wahl eines längeren, aber sichereren Weges, um Raubtiere zu vermeiden. Nachdem sie ihre Entscheidung getroffen hatten, spürten sie eine gewisse Angst vor den Gefahren, die sie vielleicht dennoch treffen könnten. Diese Angst verstärkte ihre Wachsamkeit und Vorsicht während der Wanderung.

In der Gruppe dachten Adam und Eva logisch über die Möglichkeit nach, neue Werkzeuge zu entwickeln, um die Jagd effizienter zu gestalten. Diese kognitive Überlegung resultierte in einer gesteigerten Neugier auf das, was mit den neuen Werkzeugen möglich wäre. Die Neugier motivierte die Gruppe, mit verschiedenen Materialien zu experimentieren, was zu innovativen neuen Werkzeugen führte.

In allen Szenarien – ob Emotion zuerst oder Kognition zuerst – zeigt sich das komplexe Zusammenspiel von Emotion, Motivation und Kognition im täglichen Leben unserer Vorfahren vor Tausenden von Jahren. Ihre Entscheidungen und Handlungen wurden sowohl von ihren emotionalen Reaktionen als auch von ihren rationalen Überlegungen geformt. Und dieses Zusammenspiel ermöglichte ihnen ein dynamisches und anpassungsfähiges Überleben in einer sich ständig ändernden Umwelt.

Scannen Sie den QR-Code

Vergleichen ist menschlich, wir können nicht »ohne«. In diesem Webinar erkläre ich, wie Sie sich *besser* mit anderen vergleichen können.

Die Erfindung des Geldes – ein Wendepunkt in der Menschheitsgeschichte

Geldprobleme hatten unsere jagenden und sammelnden Vorfahren noch nicht. Sie kannten kein Geld. Entsprechend kannten sie die uns heute bekannten Geldemotionen nur in anderen Kontexten. Unsere Vorfahren kannten keine Angst vor Arbeitslosigkeit. Sie kannten Angst vor wilden Tieren. Sie bereuten nicht, schon früher Finanzpolster aufgebaut zu haben. Sie bereuten vielleicht eher, nicht ausreichend Vorräte für den Winter angelegt oder eine günstige Jagdgelegenheit verpasst zu haben. Mangelnde Altersvorsorge war kein Grund sich zu schämen. Scham fühlte man eher, weil man eine soziale Norm verletzt oder das Vertrauen der Gemeinschaft missbraucht hatte.

Vom Tauschhandel ...

Zumindest betont dies David Graeber, ein Anthropologe. In seinem Buch »Debt: The first 5000 years«, beschreibt er, dass unser Verständnis der Geldgeschichte grundsätzlich falsch ist.[30] Für ihn liegt das Wesen des Geldes nicht in Münzen, Noten oder anderen physisch handelbaren Waren. Und in der Tat hatten unsere Vorfahren zwar kein »Geld« in greifbaren Formen. Aber sie hatten ein komplexes Netzwerk von Verpflichtungen, die die Gemeinschaft zusammenhielten. Man tauschte nicht unbedingt einen Korb Äpfel gegen ein Paar Schuhe. Doch in den nomadischen Gruppen unserer Vorfahren gab es so etwas wie Arbeitsteilung und Kooperation. Der eine kannte sich mit Heilmethoden aus. Die andere war geschickt im Weben und Gruppenmitglieder kamen zu ihr für Kleidung. Wenn ein Mitglied der Gruppe dabei half, ein Haus zu bauen, dann konnte es sich darauf verlassen, dass das andere Mitglied ihm das nächste Mal bei der Ernte half. Kurzum, es gab nicht unbedingt direkte, unmittelbare Tauschgeschäfte. Doch es gab ein System, das auf gegenseitigem Vertrauen, Verpflichtungen und gemeinschaftlicher Gegenseitigkeit basierte. Oder ökonomischer ausgedrückt: Es war ein System von Schulden und Guthaben, das über die Zeit im kollektiven Gedächtnis der Gemeinschaft aufrechterhalten wurde.

In unseren nomadischen Gemeinschaften hatten wir also kein Geld. Aber wir waren dennoch schon damals vernünftige und emotionale Wesen. Deshalb hatten wir wahrscheinlich auch damals schon so etwas wie die uns heute bekannten »Geldemotionen«: die Angst, nicht genug beizutragen und dadurch die Unterstützung der Gemeinschaft zu verlieren. Die Neugier, neue Wege der Kooperation und des Austauschs zu erforschen. Oder die Hoffnung, durch gegenseitige Hilfe und Zusammenarbeit zu überleben und zu gedeihen. All das dürfte damals schon präsent gewesen sein.

Auch als wir sesshaft wurden, vor ungefähr 12.000 Jahren, nutzten wir noch lange kein Geld. Wir tauschten nur Waren und Dienstleistungen. In einer der ersten Städte (wie Jericho) könnte der Tauschhandel so ausgesehen haben, dass beispielsweise Getreide gegen Werkzeuge oder Dienstleistungen wie das Bauen einer Mauer getauscht wurde. Die Menschen vertrauten einander, dass sie ihre Versprechen einhielten. Sie unterstützten sich gegenseitig in ihren Bedürfnissen. Dieser Tauschhandel war schon etwas komplexer als in den nomadischen Gruppen. Hier zeigte sich eine Art Money-Mindset vielleicht schon in einer etwas weiterentwickelten Form. Wir haben bestimmt schon damals Sorge um die ausreichende Versorgung der Familie gehabt. Oder den Wunsch, durch geschickteren Tauschhandel einen besseren Lebensstandard zu erreichen. Oder in der Hoffnung, durch Kooperation und gegenseitige Unterstützung ein sicheres und florierendes Gemeinschaftsleben aufzubauen.

Dann, vor ungefähr 4000 Jahren, geschah etwas. Etwas, an dem wir heute noch zu knabbern haben:

Wir erfanden das Geld.

... zum materiellen Gegenwert

Manchmal, wenn ich etwas Zeit für den Zug von London zurück nach Edinburgh habe, wo ich mit meiner Familie wohne, besuche ich das nahe dem Kings Cross Bahnhof gelegene British Museum. Ich gehe dort in die Räume 68 bis 73 und betrachte die Schatzkammern, die die Geschichte des Geldes offenbaren. (Genauer gesagt betrachte ich die Geschichte des Geldes, wenn wir diese Geschichte auf Münzen, Noten oder andere physisch handelbare Waren reduzieren.) Diese Ausstellung, die Metall, Muscheln und aufwendig hergestellte Gegenstände zeigt, umspannt über 4000 Jahre der Menschheitsgeschichte. Sie zeigt, welche Rolle Geld in der Gestaltung unserer Welt gespielt hat.

Die ersten Exponate in diesen Räumen zeigen, dass Zivilisationen lange vor klingenden Münzen oder schimmernden Goldbarren verschiedene andere Materialien als »Tauschgegenwerte« schätzten. Museumsbesucher werden angeregt, sich die Märkte des antiken China vorzustellen, die von leuchtender Jade, Waren aus Bronze und kunstvoller Schönheit von Kaurischnecken beherrscht wurden. Dies waren nicht nur Handelswaren. Nein, das waren begehrte Statussymbole, greifbare Beweise für Wohlstand und Einfluss. In jenen Tagen konnte eine Familie die allseits geschätzten Kaurischnecken gegen alle möglichen Haushaltsnotwendigkeiten eintauschen. Und ein Händler konnte für ein Stück exquisiter Jade Ballen von luxuriösen Seidenstoffen erhalten.

Angrenzend an die chinesische Sammlung befinden sich Artefakte aus Ägypten. Sie deuten auf frühe monetäre Systeme hin, die Zeugnis von Handel und Reichtum ablegen. Das Foto einer Tapete aus einem Grab in Theben von vor 3400 Jahren zeigt Goldringe, die auf einer Waage gewogen werden. Tempel waren damals nicht nur Orte der Anbetung. Sie waren finanzielle Zentren, die sorgfältig Gewichte verwalteten und etwas später auch akribisch Zahlungen und Darlehen dokumentierten. Ein Dokument aus dem Jahr 1823 vor Christus beschreibt ein Silberdarlehen zwischen einem Tempel und einem Bürger, komplett mit Rückzahlungsbedingungen und Zinssätzen.

Wir erfahren, dass bereits im 3. Jahrtausend vor Christus Silber in Mesopotamien nicht nur ein glänzendes Metall, sondern schon damals hochgeschätzter Mittelpunkt vieler Transaktionen war. Fun fact: Wenn Sie damals jemandem in einem Wutanfall in die Nase bissen, schuldeten Sie ihm ein halbes Kilogramm Silber. Es lohnte sich schon damals, seine Instinkte im Griff zu behalten. Diese und ähnliche Kuriositäten finden Erwähnung in der auf zwei Tontafeln geschriebenen altbabylonischen Gesetzessammlung von *Eshnunna*, die auch ideale Silberpreise für Grundnahrungsmittel auflistete.

Ägypten, mit seinem Goldreichtum aus Nubien und den großzügigen landwirtschaftlichen Gaben des Nils, war zu der Zeit ein Land des Überflusses. Ein Brief aus jener Zeit behauptet sogar, Gold gebe es in Ägypten so reichlich wie Staub. Das ägyptische Geldsystem war faszinierend flexibel. Ein Polizist, der einen Ochsen brauchte, konnte teilweise mit Kupfer bezahlen und den Restbetrag mit Waren wie Fett oder Kleidung begleichen.

Diese beiden alten Zivilisationen, Mesopotamien und Ägypten, waren Pioniere bei der Etablierung von Wertstandards. Sie erleichterten nicht nur den lokalen Handel, sondern waren auch bei Fernhandel entscheidend. Den Lydern aber (Lydien befand sich in Kleinasien, auf dem Gebiet der heutigen Türkei) gebührt die Ehre, Münzen so wie wir sie kennen, erfunden zu haben. Mit Elektron, einer Gold-Silber-Legierung, formten sie münzähnliche Objekte, einige sogar mit Inschriften. Dies markierte den Beginn des organisierten Münzprägens. Es kommt also nicht von ungefähr, dass der letzte lydische König Krösus, der von ca. 555 bis 541 vor Christus das Land reagierte, noch heute vielen Sinnbild für Reichtum ist.

Diese Reise, von bescheidenen Schnecken über strahlende Jade bis zu den ersten Münzen, enthüllt die faszinierende Entwicklung der frühen Geldsysteme. Sie unterstreicht das komplexe Zusammenspiel von Wert, Handel und gesellschaftlichen Grundlagen. Als unsere Vorfahren die Bedeutung eines standardisierten Austauschmediums erkannten, legten sie die Grundsteine für die komplexen wirtschaftlichen Infrastrukturen von heute.

Geldemotionen und die Kunst, sie zu meistern

Die neuen Arten des Handels mit »Geld« trafen auf das alte, über Tausende Jahre geprägte Tauschhandels-Denken. Ich frage mich, was wohl die ersten mentalen Geldprobleme waren, die die Leute damals hatten.

Darüber gibt es leider keine Überlieferungen – zumindest nicht im British Museum. Gut möglich ist aber, dass viele Menschen so wie heute auch Angst vor dem Neuen und Unbekannten hatten. Die Einführung des Geldes stellte eine radikale Veränderung dar. Die Angstgefühle entstanden somit aus der Unsicherheit, wie mit diesem neuen, abstrakten Mittel umzugehen war. Denn immerhin hatte das Leben ja bislang auf dem direkten Tauschhandel basiert. Einige taten sich wahrscheinlich schwer, den wahren Wert des Geldes zu verstehen, und aus Angst, Opfer von Betrug zu werden, blieben sie bei ihren traditionellen Handelsmethoden. Zumindest so lange, bis sie sich an das neue System gewöhnt hatten. Vielleicht standen ihnen diese Emotionen damals im Weg? Vielleicht waren sie förderlich?

Ich kann mir jedoch gut vorstellen, dass viele andere fasziniert waren von den Möglichkeiten, die Geld bot. Sie begannen, mit verschiedenen Arten des Handels zu experimentieren, was neue Wege für den Handel und den Aufbau von Wohlstand öffnete. Diese Neugier war wahrscheinlich ein Katalysator für die Entwicklung und Akzeptanz von Geld als Tauschmittel.

Hoffnung spielte sicherlich ebenfalls eine wichtige Rolle. Die Vorstellung, dass Geld den Handel vereinfachen und zu mehr Sicherheit und Wohlstand führen könnte, war verlockend. Diese Hoffnung, dass Geld ihnen ein besseres Leben ermöglichen würde, hat sicher viele ermutigt, das Risiko einzugehen und Geld in ihr Wirtschaftssystem zu integrieren, auch wenn die Umstellung anfangs beängstigend war.

In dieser Zeit des Wandels und der Entwicklung wurden die emotionalen und kognitiven Prozesse der Menschen auf die Probe gestellt. Ihre Reaktionen auf das neue Phänomen »Geld« waren ein Spiegelbild dieser emotionalen Zustände. Angst dürfte zu Vorsicht im Umgang mit Geld geführt haben, während Neugier und Hoffnung dazu motivierte, neue wirtschaftliche Wege zu erkunden. Diese Mischung aus Angst, Neugier und Hoffnung sowie vieler anderer Emotionen formte wahrscheinlich die Art und Weise, wie die frühen Gesellschaften finanzielle Entscheidungen trafen. Sie formte vielleicht auch viele der Verwirrungen und Ungereimtheiten, die wir heute noch beobachten und spüren.

Yuval Noah Harari betrachtet in seinem wunderschönen Werk »Eine kurze Geschichte der Menschheit«[31] unter anderem das Konzept des Geldes und seine Veränderung im Laufe der Zeit. Er identifiziert als einen der entscheidenden Wendepunkte in der Evolution des Geldes seine Loslösung von einem greifbaren Wert: Ursprünglich war Geld – in Form von Münzen, Muscheln oder anderen Metallen – direkt an greifbare Gegenstände von inhärentem Wert gebunden. Zum Beispiel waren früher Münzprägungen an Rohstoffe wie Getreide gekoppelt: Eine Münze repräsentierte eine feste Menge Getreide, ihr Wert war daher intrinsisch und konkret und sie konnte immer gegen ihr Äquivalent im Getreide eingetauscht werden. Dieses System basierte auf dem Physischen und Greifbaren. Auf Dingen, die man berühren, sehen und direkt verwenden konnte.

Mit dem Wachstum der Gesellschaften wurde ein solches »greifbares« System jedoch unhandlich. Es wäre umständlich gewesen, wenn man das genaue Getreideäquivalent für jeden Kauf hätte mit sich herumtragen müssen. Oder wenn man riesige Mengen an Getreide hätte lagern müssen, um jede im Umlauf befindliche Münze zu untermauern. Es war ein System mit klaren Grenzen. An dieser Stelle setzte ein, was Harari als eine massive *mentale* Revolution[32] beschreibt.

Im Laufe der Zeit begannen wir, unser Vertrauen in abstrakte Konzepte zu setzen. Münzen und später Banknoten begannen, Wert zu repräsentieren. Sie waren diesen Betrag nicht objektiv wert. Das eigentliche Metall oder das Papier der Banknote hatte an sich nur einen minimalen Gegenwert. Wir glaubten aber, dass sie es wert waren. Diese mentale Revolution ermöglichte größere wirtschaftliche Fluidität und Skalierbarkeit. Währung konnte nun leicht produziert und transportiert werden. Des konnte für eine breite Palette von Transaktionen verwendet werden. Ohne durch die Notwendigkeit einer direkten physischen Äquivalenz belastet zu sein.

Aber vielleicht können wir auch die Wurzeln vieler heutiger mentaler Herausforderungen im Zusammenhang mit Geld in der mentalen Revolution dieser Zeit erkennen. Hararis Erklärung des Übergangs von greifbaren zu abstrakten Geldformen offenbart die mentale Herausforderung, die der richtige Umgang mit Geld für uns darstellt. Kein Wunder, dass wir diverse und widersprüchliche Überzeugungen, Glaubenssätze oder Emotionen zu Geld haben:

- »Mehr Geld verursacht nur Probleme«
- »Geld macht nicht glücklich«
- »Geld ist ein Werkzeug für Gutes«
- »Über Geld redet man nicht, Geld hat man«
- »Geld verdirbt den Charakter«
- »Reichtum ist Zufall«
- »Reichtum ist das Ergebnis harter Arbeit«

Wenn Geld keinen greifbaren oder objektiven Gegenwert hat, dann schafft das Spielraum für Interpretationen und emotionale Reaktionen, die stark von unseren individuellen Erfahrungen, kulturellen Einflüssen und sozialen Kontexten geprägt sind.

In der heutigen Zeit, wo selbst Bargeld zunehmend an Bedeutung verliert, wird dieser Abstraktionsprozess noch deutlicher. Bargeldloser Tausch bedeutet, dass wir den uns in der Bankkonto-App präsentierten Kontostand glauben und darauf vertrauen, dass wir uns dieses und jenes kaufen können. Verkäufer ihrerseits vertrauen darauf, dass sie uns all die Waren verkaufen können, wenn die an das Lesegerät gehaltene Plastikkarte einen langen Piep macht. Meine achtjährigen Zwillinge legen gerne meine Karte zum Bezahlen an das Kartenlesegerät. Das Piepen des Gerätes finden sie erstaunlich befriedigend. Aber ich frage mich, wie ich ihnen den Wert des Geldes und die Notwendigkeit, Geld zu verdienen, erklären kann, wenn alles, was sie machen müssen, um Lebensmittel und andere Dinge zu kaufen, darin besteht, eine Plastikkarte an ein Lesegerät zu halten …

Obwohl wir rational verstehen, dass wir Geld verdienen müssen, Rücklagen bilden sollten, vorsichtig mit Schulden umgehen und für das Alter vorsorgen müssen, macht uns das komplexe Zusammenspiel aus Emotion und Kognition dies nicht leicht. Die Entwicklung des Geldes zu einem abstrakten Tauschmittel hat es uns noch schwerer gemacht: Geld existiert oft nur noch als Zahl auf einem Bildschirm, weit entfernt von der greifbaren Realität unserer Vorfahren.

Diese Abstraktion von Geld führt dazu, dass unsere emotionalen und kognitiven Reaktionen auf Geld komplexer und manchmal widersprüchlicher werden. Wir kämpfen mit der emotionalen Belastung von Schulden, der Angst vor finanzieller Unsicherheit und der Hoffnung auf finanzielle Freiheit. Gleichzeitig beeinflussen unsere kognitiven Überlegungen, wie wir Geld sparen, investieren und ausgeben.

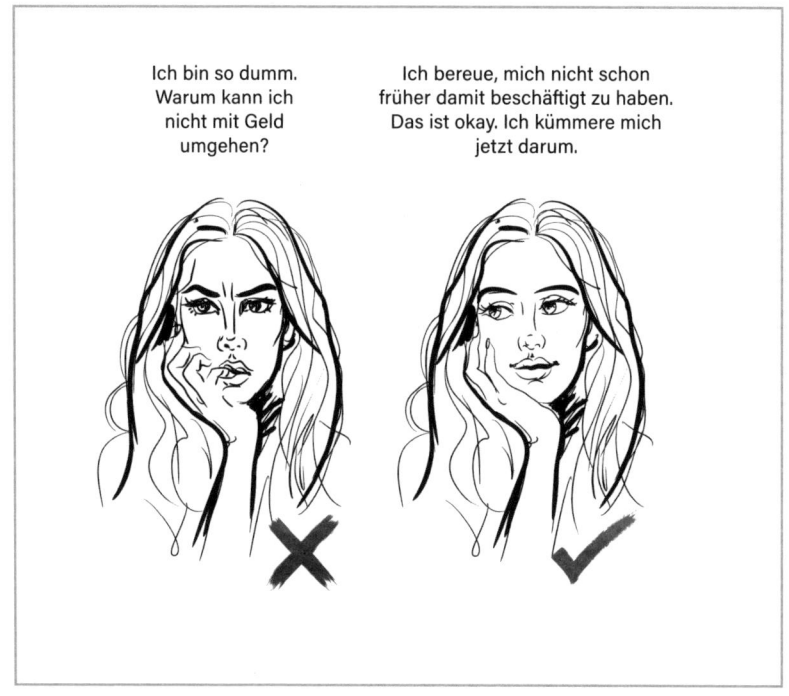

Der gängige Rat, finanzielle Entscheidungen ausschließlich sachlich zu treffen und Emotionen für andere Lebensbereiche zu reservieren, ist unrealistisch. Emotionen, Kognition und Motivation sind eng miteinander verwoben und beeinflussen unsere Entscheidungen immerzu. Wir können Emotionen nicht einfach »abschalten«, wenn wir uns mit Geld befassen. Sie sind ein integraler Bestandteil unserer Denkprozesse.

Ein effektiverer Ansatz im Umgang mit Emotionen ist es, diese zu erkennen und zu benennen. Emotionen sind nicht per se falsch oder irrational. Sie haben eine evolutionäre Hintergrundgeschichte und dienen uns oft einem guten Zweck. Auch heute noch! Allerdings können sie uns im Weg stehen, wenn es um finanzielle Entscheidungen geht. Das Verständnis unserer Emotionen ist ein entscheidender Schritt, um sie zu managen und nicht von ihnen überwältigt zu werden.

Brené Brown, bekannt für ihre Forschungen zu Verletzlichkeit und Scham, hat in ihrem Buch »Atlas of the Heart« das Anliegen, gängige Emotionen zu erforschen und zu benennen. Ihr Ziel ist es, ein besseres Verständnis für unsere emotionalen Reaktionen zu entwickeln und damit einen bewussteren Umgang mit ihnen zu ermöglichen.[33] Betrachten wir einige Emotionen aus Browns Buch und wie sie uns in finanziellen Angelegenheiten beeinflussen können:

- **Angst:** kann uns davon abhalten, berufliche Risiken einzugehen oder Investitionen zu tätigen, die ein höheres Einkommen versprechen.
- **Scham:** führt möglicherweise dazu, dass wir Schwierigkeiten haben, über unsere finanzielle Situation zu sprechen, was das Schuldenmanagement erschwert.
- **Neid:** kann uns zu unüberlegten Ausgaben verleiten, um mit anderen mithalten zu können, anstatt langfristig zu planen und Rücklagen zu bilden.
- **Freude:** kann uns zu impulsiven Kaufentscheidungen verleiten, die nicht im Einklang mit unseren langfristigen finanziellen Zielen stehen.

Jede dieser Emotionen hat ihre Existenzberechtigung und ist nicht grundsätzlich schlecht. Es gibt, anders ausgedrückt, keine *negativen*

Emotionen. Alle Emotionen haben jedoch das Potenzial, uns in Bezug auf Geld zu behindern, wenn wir sie nicht erkennen und angemessen managen. Die Lösung besteht darin, uns der Emotionen bewusst zu werden, die unser finanzielles Verhalten leiten. Wir sollten ihre Stärken und Gefahren anerkennen und lernen, darüber zu sprechen, beispielsweise mit Freunden oder Bekannten. Immer mehr Finanzberater und Finanzcoaches haben gelernt, über Geldemotionen zu reden. Ein offener Dialog über unsere emotionalen Reaktionen auf finanzielle Themen kann uns helfen, bessere Strategien im Umgang mit Geld zu entwickeln, und letztendlich zu gesünderen finanziellen Entscheidungen führen.

▶ Wegweiser

Sie machen einen Spaziergang durch eine schöne Landschaft. Sie sehen die Felder und Straßen und Sie denken: »Das alles sah vor 12.000 Jahren sicher ähnlich aus. Doch damals gab es keine Strommasten, keine asphaltierten Straßen oder markierten Wanderwege. Die Landschaft war roher, unberührter – eine wilde Mischung aus dichtem Wald, offenen Feldern und rauen Pfaden, geformt nur durch die Natur und die Tiere, die sie bewohnten. Aber einige Dinge werden sich über die Jahrtausende kaum verändert haben. Die Topografie der Landschaft, die sanften Hügel, die sich am Horizont abzeichnen, und der plätschernde Bach, der durch das Tal fließt, die waren schon damals da.« Sie fragen sich, wie war wohl war, als Menschen hier vor 12.000 Jahren entlanggelaufen sind.

Unser Umgang mit Geld basiert auf Instinkten, die für eine Zeit entwickelt wurden, in der Geld nicht existierte. Welche instinktiven Reaktionen auf Geld haben Sie? Sind Sie ein Sammler, ein Jäger, ein Bewahrer? Wie beeinflussen diese Instinkte Ihre finanziellen Entscheidungen?

Vor 12.000 Jahren waren die Bedürfnisse einfach: Nahrung, Schutz, Gemeinschaft. Heute sind sie komplexer und oft von Geld durchdrungen. Listen Sie Ihre grundlegenden Bedürfnisse auf und bewerten Sie, wie Geld dabei eine Rolle spielt. Erkennen Sie, welche Bedürfnisse echt und welche durch moderne Komplexität verzerrt sind.

Welche Emotionen beeinflussen Ihren Umgang mit Geld? Fühlen Sie sich beim Sparen sicher oder beim Ausgeben frei? Wie könnte Ihr finanzielles Verhalten von prähistorischen Überlebensinstinkten geprägt worden sein?

Unsere Vorfahren verließen sich auf die Gemeinschaft für Sicherheit und Erfolg. Wie beeinflusst Ihr soziales Umfeld Ihren

Umgang mit Geld? Denken Sie über Gruppendruck, Statussymbole und gemeinschaftliche finanzielle Entscheidungen nach.

Betrachten Sie die moderne Wirtschaft als eine »finanzielle Wildnis«. Wie würden Sie sich in dieser Wildnis verhalten? Sind Sie ein mutiger Entdecker, ein vorsichtiger Beobachter oder ein anpassungsfähiger Wanderer?

Fassen wir zusammen: Das Zeigen von Emotionen im Finanzverhalten ist nicht nur normal, es ist auch unvermeidbar. Wir sind Menschen. Wir sind emotionale Wesen. Unsere Entscheidungen werden immer von einem Zusammenspiel aus Gefühlen, Gedanken und körperlichen Reaktionen beeinflusst. Das zu akzeptieren ist der erste Schritt zu einem gesünderen Umgang mit Geld.

Die Menschen von heute besitzen die gleichen emotionalen, kognitiven und körperlichen Fähigkeiten wie unsere Vorfahren. Der entscheidende Unterschied liegt jedoch in unserem sozialen und kulturellen Kontext. Dieser hat sich in den vergangenen Jahrtausenden drastisch verändert. Vor 5000 Jahren gab es kein Geld in dem Sinne, wie wir es heute kennen. Unsere Instinkte und Emotionen sind jedoch das Ergebnis einer evolutionären Entwicklung, die über 300.000 Jahre zurückreicht.

Die verdeutlicht, warum viele von uns Schwierigkeiten haben, den richtigen Umgang mit Geld zu finden. Es liegt nicht daran, dass wir als Individuen unfähig sind. Es sind die Komplexität und die Schnelllebigkeit unserer modernen Welt, die uns herausfordern. Unsere instinktiven Reaktionen, die einst überlebenswichtig waren, sind heute nicht immer hilfreich im Umgang mit den finanziellen Anforderungen des 21. Jahrhunderts.

Es ist daher wichtig, dass wir uns selbst gegenüber empathisch sind und nicht zu hart mit uns ins Gericht gehen. Unsere finanziellen Herausforderungen sind nicht auf persönliche Unzulänglichkeiten zurückzuführen. Sie sind das Resultat einer tiefen Diskrepanz zwischen unserer evolutionären Prägung und den Anforderungen des modernen Lebens.

Im nächsten Kapitel untersuchen wir, wie wir bestimmte Erwartungen an eine staatliche Rente und an ein sogenanntes 3-Stufen-Leben (oder 3-Phasen-Leben) entwickelt haben. Wir werden rekonstruieren, wie diese Erwartungen entstanden sind und wie wir am besten damit umgehen können. Denn das Problem ist: Das 3-Stufen-Leben ist vorbei. Und die staatliche Rente reicht nicht aus. Auch das ist in erster Linie eine mentale Herausforderung.

Gewohnheitsdenken:
Warum uns die eigene Altersvorsorge so schwerfällt

Wir arbeiten, zahlen in die Rentenversicherung ein, gehen in Rente und leben von dem, was eingezahlt wurde und was uns der Staat dazugibt. Das funktioniert – allerdings noch nicht allzu lange. Und womöglich schon bald nicht mehr allzu lange.

Es ist an der Zeit, sich Gedanken über eine Neuregelung der langfristigen Geldplanung zu machen. Das fällt den meisten von uns schwer. Warum sollte es auch einfach sein, sich den Ruhestand anders vorzustellen?

Dabei ist die Zeit, in der das Sicherheitsnetz eines staatlich geförderten Rentensystems eingeführt wurde, erst einen Wimpernschlag in der Geschichte der Menschheit entfernt. Dazu müssen wir nur 150 Jahre zurückblicken. In all den Jahren zuvor, bis hin zu unseren Vorfahren Adam und Eva, gab es keine »Rente« und keine Planung des Lebensabends. Adam und Eva lebten, wie im vorigen Kapitel verdeutlicht, in einer unmittelbaren und direkten Beziehung zu ihrer Umwelt. Wenn sie ein Dach über dem Kopf brauchten, suchten sie sich einen natürlichen Unterschlupf wie eine Höhle oder errichteten einfache Schutzbauten aus Ästen und Blättern. Wenn sie Hunger hatten, sammelten sie essbare Pflanzen oder gingen auf die Jagd. Ihre Ernährung basierte auf dem, was in ihrer unmittelbaren Umgebung verfügbar war. Das Konzept des Vorratshaltens oder der landwirtschaftlichen Planung existierte noch lange nicht. Sie aßen, was sie fanden oder erjagten, oft unmittelbar nach dem Fang oder der Ernte. Wenn sie durstig waren, suchten sie nach Wasserquellen wie Flüssen, Seen oder natürlichen Quellen. Das Sammeln und Speichern von Wasser für zukünftigen Gebrauch war nicht üblich. Benötigten sie Kleidung oder Werkzeuge, stellten sie diese aus den Materialien her, die in ihrer Umgebung verfügbar waren, wie Tierhäute oder Steine. Diese Gegenstände wurden nach Bedarf gefertigt und verwendet. Bei drohenden Gefahren wie Raubtieren oder Naturkatastrophen reagierten sie sofort, indem sie Zuflucht suchten oder sich verteidigten. Es gab keine langfristigen Sicherheitsstrategien oder vorbereitete Schutzmechanismen.

Der Punkt ist: Es gab nie einen Grund, langfristig denken zu müssen. In beinahe allen Aspekten des täglichen Lebens ging es Adam und Eva darum, unmittelbare Bedürfnisse zu befriedigen. Die frühen Menschen lebten im Hier und Jetzt, ohne die Möglichkeit oder Notwendigkeit, langfristig zu planen. Diese lebensnotwendige Orientierung an unmittelbaren Belohnungen und Bedürfnissen bildet einen starken Kontrast zu den komplexen Planungsanforderungen der modernen Welt, einschließlich der Planung für die Rente.

Das Konstrukt des Rentensystems und seine Probleme

Versetzen wir uns zurück in das Jahr 1871. Das gerade gegründete Deutsche Kaiserreich durchlief eine rasche Industrialisierung. Städte wie Berlin und München expandierten. Fabriken prägten die Landschaft. Auf der einen Seite sah man die Prachtbauten der reichen Unternehmer und Aristokraten. Auf der anderen die ärmlichen Behausungen der Arbeiter. Vor allem ältere Menschen blieben dabei außen vor. Viele mussten trotz ihres Alters weiterhin in Fabriken, auf Bauernhöfen oder in Kohlebauten ihren kargen Lebensunterhalt verdienen, bis ihre Kräfte nachließen. Die Kranken, Gebrechlichen oder Arbeitslosen waren auf familiäre Unterstützung oder lokale Wohltätigkeitsorganisationen angewiesen. Es gab keine staatlichen Vorsorgeleistungen, staatliche Renten oder eine Sozialversicherung. Das Leben war für große Teile der Bevölkerung sehr hart. Die wohlhabende Elite jedoch lebte komfortabel, ähnlich wie die Buddenbrooks. Sie hatten ihre Anwesen, Investitionen und Ersparnisse. Diener erfüllten ihre Bedürfnisse. Ihre Familien verwalteten oft ihr Vermögen und sorgten für einen reibungslosen Übergang in den Ruhestand.

Doch dann formierte sich Widerstand. Die Arbeiterklasse überall in

Europa emanzipierte sich politisch. Sie forderte einen Wandel. Auch in Deutschland musste die sogenannte soziale Frage von der Regierung gelöst werden, wollte man Unruhen und Aufstände verhindern. So führte der damalige Reichskanzler Otto von Bismarck ab 1883 Sozialversicherungen und 1889 auch die Invaliditäts- und Altersversicherung ein, der 1891 die weltweit erste staatliche Rentenversicherung angeschlossen wurde: Arbeiter und Arbeitgeber zahlten in einen staatlich verwalteten Fonds ein, der Renten für ältere Menschen versprach. Ziel war die finanzielle Absicherung im Alter. Um sicherzustellen, dass diese Menschen nicht zurückgelassen wurden.

Andere Länder kopierten dies. In Österreich, der Schweiz, Großbritannien, Irland und vielen anderen Ländern wurden alsbald ebenso staatliche Rentensysteme eingeführt. All diese Reformen hatten einen Zweck: Sie wollten Armut verhindern. Sie wollten sicherstellen, dass diejenigen, die keine Familie oder Gemeinschaft hatten, nicht vergessen wurden.

Der Wohlfahrtsstaat entstand. Richtig so! Er versprach Hoffnung. Er nahm sich der Herausforderungen an. Er veränderte die Sicht der Gesellschaft auf ältere Menschen. Besser noch: Die Menschen waren optimistisch, dass dieser Wohlfahrtsstaat hier war, um zu bleiben. Ja, sogar, um sich auszuweiten. Während der Wohlfahrtsstaat zunächst darauf abzielte, das Nötigste zu sichern, wuchs er allmählich zu etwas heran, das bisher unbekannte Sicherheitsnetze bot.

Machen wir einen kleinen Zeitsprung: Nach den harten Jahren der beiden Weltkriege erlebte Deutschland eine Zeit des Aufschwungs. Das Wirtschaftswachstum schoss in die Höhe, der Lebensstandard stieg. Der Konsumkapitalismus kam auf. Mit dem neuen Wohlstand entwickelten sich auch die Erwartungen an die Rente. Es ging dem Menschen nicht mehr nur noch darum, finanziell abgesichert zu sein. Es ging nun auch darum, die Freuden des Lebens wohlverdient zu genießen.

In vielen westlichen Nationen setzten sozialdemokratische Bewegungen es sich zum Ziel, die Rentner nicht nur am wirtschaftlichen Wachstum teilhaben zu lassen, sondern sie, die ihr Leben lang gearbeitet hatten, gezielt zu unterstützen und ihren Lebensstandard zu erhöhen. Dies war mehr als nur politische Rhetorik. Es war eine gesellschaftliche Metamorphose. Wirtschaftswachstum, Arbeiterbewegungen, politische Entscheidungen – alles konvergierte. Politische

Kampagnen spiegelten dieses Gefühl wider. Wörter wie »Rechte«, »Ansprüche« und »verdient« wurden alltäglich. Und so langsam entstand folgender Glaubenssatz: Nach Jahren der Arbeit sind die Rentenjahre die »goldenen Jahre«. Kreuzfahrtschiffmärkte entstanden, die sich mit maßgeschneiderten Paketen speziell an die Rentnerdemografie richteten. Rentnergemeinschaften in schönen Gegenden schossen aus dem Boden und boten eine Mischung aus Freizeitaktivitäten, Gesundheitsversorgung und sozialen Veranstaltungen. Wellness-Retreats und spezialisierte Reisetouren begannen, die ältere Generation anzusprechen, und förderten aktive Lebensstile und kulturelle Einbindung.

Es ist ja klar: Nicht alle älteren Menschen leben auf einmal in Luxus. Die Realität der Rentenjahre ist für viele ältere Menschen eher von finanziellen Sorgen als von Luxuskreuzfahrten geprägt. Manche haben mehr Geld und können schöne Dinge machen. Andere haben weniger und müssen aufpassen, wie viel sie ausgeben. Als Gruppe jedoch haben die über 65-Jährigen heute im Durchschnitt mehr Sicherheit und Möglichkeiten als je zuvor. Viele genießen ihren Ruhestand mit mehr Gesundheit und Wohlstand. Dank einmaliger und nie zuvor bekannter Sozialsysteme.

Es war verständlich und richtig, dass eine staatliche Rente aufkam. Und es ist verständlich und richtig, ein besseres Leben anzustreben. Aber die Ruhestandsphase, staatlich unterstützt, ist ein soziales Konstrukt. Sie wurde innerhalb einer kurzen Zeitspanne eingeführt und normalisiert. Was als bloßes Sicherheitsnetz begann, wurde zu einem festen, erwarteten und in alle Überlegungen und Planungen einbezogenen Bestandteil des Lebens.

Erwartungen haben ein Eigenleben. Das trifft auch auf Erwartungen zur Rente zu. Als die Menschen sich mehr Sicherheit im Alter wünschten, reagierten die Regierungen. Leistungen wurden ausgeweitet. Versprechen verstärkt. Dieser Kreislauf, diese Rückkopplungsschleife, verstärkte Überzeugungen und Erwartungen.

Zum einen gibt es heute neue wirtschaftliche Belastungen – eine Folge der zunehmenden Globalisierung. Wir alle kennen Beispiele von Unternehmen, die Arbeitsplätze aus Deutschland abziehen, um diese nach China, Mexiko oder Serbien auszulagern, weil die Arbeitskräfte dort billiger sind. Nationale Volkswirtschaften sind zunehmend international verflochten.

Darüber hinaus gibt es sinkende Kinderzahlen: Im Jahr 2000 kamen in den reichen Ländern auf 100 Menschen im Alter von 25 bis 65 Jahren 26 über 65-Jährige[34]. Bis 2050 wird sich diese Zahl wahrscheinlich verdoppelt haben. Solche Trends fordern ein Generationenprinzip natürlich heraus.

Ein weiterer Grund, warum die staatlich geförderten Rentensysteme herausgefordert werden, ist die demografische Entwicklung, die mit der Expansion des Wohlfahrtsstaates einherging: die zunehmende Langlebigkeit. In den letzten 150 Jahren war eine der tiefgreifendsten Veränderungen in der menschlichen Erfahrung der dramatische Anstieg der Lebenserwartung. In vielen Ländern der westlichen Welt hat sich die durchschnittliche Lebenserwartung im Laufe der Zeit deutlich erhöht. Im Jahr 1870 betrug diese noch etwa 40 Jahre. Bis 1920 stieg sie auf etwa 55 Jahre und bis 1970 weiter auf etwa 71 Jahre. Bis zum Jahr 2020 erreichte die durchschnittliche Lebenserwartung schließlich etwa 80 Jahre. Als Deutschland seine ersten Altersrenten auszahlte, waren es gerade mal 126.000 Menschen, die davon profitierten. Heute sind es über 20 Millionen.[35] Dies betrifft natürlich auch andere Industrieländer: Früher bekamen 100-Jährige in Großbritannien eine Geburtstagsgratulation ihres königlichen Oberhaupts. Inzwischen muss man diese beantragen: Zu hoch ist die Anzahl derer, die diesen Meilenstein erreichen. In nur 20 Jahren, zwischen 2002 und 2020, hat sich die Zahl beinahe verdoppelt.[36]

Einher mit dem Anstieg der Lebenserwartung geht und ging die Verbesserung der Gesundheit: Fortschritte in der Medizin, der Sanitärversorgung, der Ernährung und der öffentlichen Gesundheit bedeuteten, dass viele der Krankheiten und Zustände, die einst das Leben verkürzten, jetzt verhinderbar oder behandelbar sind. Wir leben nicht nur länger, wir leben gesünder und vitaler.

Seit Kurzem haben einige Länder, inklusive Deutschland, eine Verlangsamung der Verbesserungen der Lebenserwartung erlebt.[37] Mehrere Faktoren tragen zu diesem Trend bei. Bekannte Gründe sind der Anstieg des Rauchens bei Frauen, die Opioid-Epidemie in den USA und Sparmaßnahmen in Großbritannien.[38] Es gibt auch unbekannte Faktoren, die das Verständnis der Gesamtproblematik komplex machen. In vielen Nationen (wie Italien, Japan, Neuseeland, Norwegen und der Schweiz) steigt die Lebenserwartung aber weiterhin. Darüber hinaus übertreffen gebildete Gruppen den nationalen Durchschnitt hinsichtlich der Lebenserwartung. Dies deutet darauf hin, dass es in den meisten Ländern noch viel Spielraum für Verbesserungen in der Langlebigkeit gibt. Vorausgesetzt, die positiven wirtschaftlichen und sozialen Kräfte, die seit Mitte des 20. Jahrhunderts zu einem Anstieg der Lebenserwartung geführt haben, bleiben stabil.

So positiv die längere Lebenserwartung auch ist: Sie setzt nationale Rentensysteme (und Wohlfahrtssysteme im Allgemeinen) unter Druck. In der EU zum Beispiel wird laut OECD der Anteil für öffentlichen Ausgaben für Renten am Bruttoinlandsprodukt (BIP) in den nächsten 40 Jahren um mehr als die Hälfte steigen.[39] So liegt es nahe, dass immer mehr politische Reformen die wachsende Verantwortung des Einzelnen betonen. Der Staat zieht sich zunehmend zurück und strebt an, nur noch ein grundlegendes Sicherheitsnetz zu bieten. Alles darüber hinaus wird zunehmend zur Verantwortung des Einzelnen.

Obwohl dies die Richtung ist, die einige politische Entscheidungsträger anstreben, stoßen Versuche solcher Reformen oft auf starken Widerstand – insbesondere in Europa, wo Frankreich ein besonders bemerkenswertes Beispiel ist. Der Widerstand ist nicht nur auf finanzielle Vorteile beschränkt. Er ist in inzwischen tief verwurzelten Überzeugungen begründet. Die Menschen kämpfen nicht nur um Leistungen. Sie verteidigen langjährige Erwartungen. Eine 2023 in Deutschland durchgeführte Umfrage des gemeinnützigen Demografie-Netzwerks ddn, für die 2500 berufstätige Personen in ganz Deutschland befragt wurden, zeigt diese Erwartungen: Eine große Mehrheit (63,4 %) möchte im Alter von 63 Jahren in Rente gehen. Mehr als ein Drittel sogar im Alter von 61 Jahren oder früher. Nur weniger als 15 % der unter 30-Jährigen können sich vorstellen, bis zum Alter von 67 Jahren zu arbeiten.[40] Diese Hoffnungen und Wünsche sind durchaus verständlich. Aber sie verdeutlichen auch: Rentenpolitik ist nicht nur eine ökonomische Herausforderung. Sie ist in erster Linie eine Herausforderung fürs Erwartungsmanagement. Und hier sind wir gefragt.

Der Ruhestand und seine Herausforderungen

Sicherlich ist es eine Herausforderung, sich von etablierten Erwartungen zu lösen. Besonders schwer fällt uns dies, wenn es um die Vorstellung einer staatlich gesicherten Rente geht. Die Möglichkeit, etwas anderes zu erwägen, erscheint uns oft beängstigend oder unbefriedigend. Das betrifft zum Beispiel die Vorstellung, länger arbeiten zu müssen. Oder die Notwendigkeit, mehr Eigenverantwortung für die finanzielle Absicherung zu übernehmen.

Wir Menschen besitzen die Fähigkeit, zwischen uns selbst und anderen unterscheiden zu können. Das hat natürlich viele Vorteile. Erkenntnisse des Verhaltensforschers und Psychologen Hal Hershfield zeigen jedoch, dass, wenn wir über unser zukünftiges Selbst nachdenken, wir Teile des Gehirns aktivieren, in denen Informationen über Fremde verarbeitet werden.[41]

In der Geschichte gibt es keinen Präzedenzfall, der uns eine Richtung, Sicherheit oder Ideen für den richtigen Umgang mit der Langlebigkeit geben könnte. Das Modell des Ruhestands, wie wir es in den letzten 150 Jahren etabliert haben, ist das Einzige, das wir kennen. Wir sind die ersten Generationen, die mit diesem Problem konfrontiert sind. Die Phase des Ruhestands nach der Arbeit ist ein soziales Konstrukt, aber es ist das einzige Konstrukt, das wir kennen. In der gesamten Menschheitsgeschichte arbeiteten die Menschen, bis sie physisch nicht mehr dazu in der Lage waren. Das Konzept, Jahrzehnte nach dem Berufsleben in Muße zu verbringen, ist nichts, worauf uns unsere Vorfahren, weder biologisch noch kulturell, vorbereitet haben. Aus evolutionsbiologischer Sicht sind wir nicht einmal besonders gut darauf »programmiert«, für ein langes Leben zu planen. Unsere Vorfahren, Adam und Eva, entwickelten sich in Umgebungen, in denen unmittelbare Aktion und Befriedigung für das Überleben essenziell waren. Sie lebten in einer Welt, in der das tägliche Überleben und die sofortige Beschaffung von Ressourcen Priorität hatten. Dieses einprogrammierte »Umfeld der sofortigen Belohnung« bedeutet, dass unser Gehirn darauf ausgelegt ist, sich auf unmittelbare Bedürfnisse und Belohnungen zu konzentrieren, anstatt auf langfristige Planung. Die Rente, die eine langfristige Planung und aufgeschobene Befriedigung erfordert, widerspricht dieser evolutionären Programmierung.

Heute zählt nicht mehr nur das Hier und Jetzt. Heute zählt auch das Morgen. Und das Übermorgen. Und der Tag nach dem Übermorgen.

Die Fähigkeit, über unsere Bedürfnisse von morgen und übermorgen nachzudenken, ist nicht in uns eingebaut. Sie war bislang nie notwendig. Zuerst, weil wir nie so alt wurden. Später, weil der Staat sich um uns kümmerte. Heute werden wir immer noch alt – und der Staat zieht sich zurück. Damit haben wir ein riesiges mentales Problem.

Übrigens ist der Ruhestand häufig sogar ein Problem für diejenigen, die sich jetzt darin befinden. Diese neue Lebensphase erweist sich oft als unerwartet herausfordernd. Die Gründe dafür sind vielfältig. Sie sind tief verwurzelt in unserer Psychologie und gesellschaftlichen Struktur.[42] Zunächst ist da die Frage der Identität und des Selbstwertgefühls. Für viele Menschen ist ihre Arbeit mehr als nur ein Mittel zum Lebensunterhalt. Sie bietet ihnen auch ein Gefühl von Zweck und Zugehörigkeit. Mit dem Eintritt in den Ruhestand geht diese Quelle der Identität und Anerkennung verloren. Ehemalige Berufstätige kämpfen oft mit dem Gefühl der Nutzlosigkeit. Oder dem Verlust ihrer sozialen Rolle. Es kann häufig zu einer tiefen existenziellen Krise führen, auch wenn es häufig das Ziel jahrelanger Arbeit und Planung darstellt.

Ein weiteres Problem ist die Anpassung an einen neuen Lebensrhythmus. Nach Jahrzehnten der Arbeit und festen Routinen finden sich viele Rentner plötzlich ohne klare Struktur oder tägliche Verpflichtungen wieder. Diese Freiheit kann paradoxerweise zu einem Gefühl der Ziellosigkeit und Langeweile führen. Ohne die Herausforderungen und Erfolge des Arbeitslebens müssen viele erst lernen, ihre Zeit sinnvoll zu nutzen und sich selbst neu zu definieren.

Die finanzielle Unsicherheit ist ein weiterer Aspekt, der den Ruhestand für viele zu einer Herausforderung macht. Selbst für diejenigen, die sorgfältig geplant haben, kann die Angst vor unzureichenden Mitteln oder die Sorge, den Lebensstandard nicht halten zu können, eine konstante Quelle der Sorge sein. Diese finanziellen Ängste werden oft verstärkt durch steigende Gesundheitskosten und die Unsicherheit, wie lange die Ersparnisse reichen müssen.

Schließlich gibt es auch die sozialen und emotionalen Aspekte des Ruhestands, die oft übersehen werden. Der Verlust von Arbeitskollegen und der täglichen sozialen Interaktion kann zu Einsamkeit und Isolation führen. Viele Rentner müssen neue Wege finden, um soziale Kontakte und ein unterstützendes Netzwerk aufrechtzuerhalten.[43]

Darüber hinaus gibt es zunehmend Hinweise darauf, dass lange Ruhestandszeiten noch nicht mal besonders gesundheitsfördernd sind: Während ein erfüllender Job soziale Kontakte und einen Zweck bieten kann, könnte eine ausgedehnte Rente, insbesondere unter finanziellen Einschränkungen, den gegenteiligen Effekt haben. Es gibt Hinweise darauf, dass eine frühe Rente mit einem kognitiven Abbau verbunden sein könnte.[44]

In Anbetracht dieser Herausforderungen wird deutlich, dass der Ruhestand nicht nur eine Zeit der Freiheit und des Wohlstands ist, sondern auch eine Phase des Übergangs und der Anpassung, die bewusstes Engagement und Planung erfordert. Es ist wichtig, dass zukünftige Rentner sich dieser potenziellen Probleme bewusst sind und Strategien entwickeln, um sie zu bewältigen. Dazu gehören die Suche nach neuen Interessen und Aktivitäten, die Pflege sozialer Beziehungen und die Entwicklung eines finanziellen Plans, der nicht nur die ersten Jahre des Ruhestands, sondern auch die potenziellen Herausforderungen in späteren Jahren berücksichtigt.

Vom Drei-Phasen- ins Multi-Phasen-Leben

Das Wissen, dass der Ruhestand ein soziales Konstrukt ist, hat eine wichtige Implikation: Es zeigt uns, dass wir auch anders darüber denken können. Aber wie genau?

Wir haben bereits mehrfach das Konzept des 100-Jahre-Lebens angesprochen. Ein Konzept, geprägt von der Psychologin Lynda Gratton und dem Ökonomen Andrew Scott. Dieser Begriff steht für mehr als nur einen demografischen Wandel. Es geht nicht primär darum, ob wir tatsächlich 100 Jahre alt werden, sondern es geht darum, dass wir generell älter werden und längere, gesundere Leben führen.

Der entscheidende Punkt dabei ist: Das 100-Jahre-Leben bedeutet ein Leben mit mehreren Phasen. Es ist kein starres Drei-Phasen-Modell mehr, sondern ein dynamisches Mehr-Phasen-Leben. Hier ist die ausführlichere Erklärung:

Mit der Etablierung des Rentensystems in den letzten 150 Jahren hat sich auch die Vorstellung eines Drei-Phasen-Lebens verfestigt. Es hat sich etabliert, unser Leben in drei klar abgegrenzte Abschnitte einzuteilen: in Bildung, Arbeitsleben und Ruhestand. Dieses Modell bietet uns Ordnung und Struktur und wurde über ein paar wenige Generationen zur Norm.

Heute zeigt sich zunehmend, dass dieses Modell brüchig wird. Einige Gründe dafür haben wir bereits in den Geschichten zu Beginn dieses Buches beleuchtet. In der Geschichte von Ingmar Zöllner, dem ehemaligen Augenarzt, der nun als S-Bahn-Fahrer arbeitet, haben wir gesehen, dass viele von uns nicht mehr das ganze Leben lang beim selben Arbeitgeber bleiben möchten. Manche bemerken, dass sie im falschen Beruf arbeiten, und streben danach, umzuschulen und ganz neu anzufangen. Der Wunsch, etwas zu tun, das intrinsisch motiviert, gewinnt an Bedeutung. Emily, die selbstständige Texterin, die nun Sprudelwasser ausschenkt, zeigt uns, dass rasante Veränderungen in der Industrie dazu führen können, dass wir neue Karrierewege einschlagen müssen, weil unsere bisherigen Berufe überflüssig werden. Wir sind also gezwungen, uns anzupassen. Und bei Martina, die fragt: »Mutter, wann stirbst du endlich?«, wird deutlich, dass mit der Langlebigkeit neue Herausforderungen entstehen, wie zum Beispiel die Pflege eines Angehörigen.

Hinzu kommt die wirtschaftliche Herausforderung einer Rente, die über 20, 25, 30 oder sogar 35 Jahre bezogen wird. Länger zu leben bedeutet, mehr finanzielle Mittel zu benötigen. Diese müssen irgendwoher kommen, während sich der Staat zunehmend zurückzieht.

Der Kernpunkt ist folgender: Unter diesen Umständen wird das traditionelle Drei-Stufen-Modell des Lebens zunehmend obsolet. Es entspricht häufig weder unseren persönlichen Wünschen, noch ist es angesichts der makrosozialen und makroökonomischen Entwicklungen nachhaltig. Wie sollten wir also sonst über Ruhestand denken?

Hier ist eine von Gratton und Scott inspirierte Antwort: Der Ruhestand, wie wir ihn kennen, ist im Wandel begriffen. Er wird nicht länger als ein abruptes Ende des Arbeitslebens dastehen. Vielmehr wird er eine Phase, in die man hineingleitet. Und aus der man ebenso wieder herausgleiten kann. Sei es aus Wunsch (weil man wieder Lust hat, Geld zu verdienen) oder aus Notwendigkeit (weil »finanzielle Unabhängigkeit« im Ruhestand nicht garantiert ist).

Aber generell gilt: Produktive Zeiten und Ruhezeiten können im 100-Jahre-Leben neu verteilt werden. Es muss nicht länger so sein, dass Ruhezeiten nur am Ende des Lebens stattfinden. Sie können anders aufs ganze Leben verteilt werden. In Form von Sabbaticals. Oder in Form von Weiterbildungsphasen. Vielleicht wollen wir mehr Zeit mit den Kindern verbringen. Oder wir brauchen Auszeiten, um uns um ältere Angehörige kümmern zu können.

Erinnern Sie sich an Oliver Noelting aus der Einleitung? Er entschied sich dafür, Arbeitszeiten herunterzufahren, um mehr Zeit mit der jungen Tochter zu verbringen. »Warum sollte ich jetzt wertvolle und einzigartige Stunden verpassen?«, fragte er sich. »Warum auf mehr Freizeit in der Zukunft sparen? Diesen Moment kann ich nur jetzt erleben«, sagte er sich.

In seinem neuen Buch, »The Longevity Imperative«[45], lädt Andrew Scott zu einem Gedankenexperiment ein. Er fragt: Hätten Sie gerne mehr Zeit? Und weiter: Wenn Sie pro Tag eine Stunde mehr Zeit hätten, was würden Sie mit der Extrastunde machen? Wenn Sie pro Woche einen extra Tag hätten, was würden Sie mit dem Extratag machen? Es ist nicht unwahrscheinlich, dass Sie viele Ideen hinsichtlich der gewonnenen Zeit hätten. Warum geht uns das beim 100-Jahre-Leben nicht ähnlich? Warum tendieren wir dazu, die uns zur Verfügung stehende Zeit auf eine Art und Weise zu verteilen, wie sie vor 150 Jahren etabliert wurde?

In dieser neuen Betrachtungsweise des Lebens liegt ein starker Fokus auf umfassenderer, vom Financial Wellbeing her geprägter Planung. Diese beinhaltet Investitionen in die eigene Gesundheit und Bildung über das gesamte Leben hinweg. Nicht nur im Hinblick auf den finanziellen Aspekt des Ruhestands. Es geht auch um die Pflege von Beziehungen, um die Aufrechterhaltung der physischen und mentalen Gesundheit. Es geht um das Engagement in sinnvollen Aktivitäten, die persönliches Wohlbefinden und Entwicklung fördern.

In der Welt des 100-Jahre-Lebens sind Übergänge die Norm. Wir müssen nicht abrupt von Vollzeitarbeit in den vollständigen Ruhestand wechseln. Wir können diesen Übergang fließender gestalten. Zum Beispiel durch eine schrittweise Reduzierung der Arbeitszeit. Oder die Hinwendung zu neuen Projekten oder Beratungstätigkeiten nach der Hauptkarriere. Auf der anderen Seite können wir uns dafür während der vermeintlich produktiven Phase vielleicht auch mehr Auszeiten gönnen.

Denken wir als Nächstes über das Alter und das Altern nach.

Altern in unserer Gesellschaft

Noch nie in der Geschichte der Menschheit sind wir so alt geworden wie heute. Das führt zu einer gewaltigen mentalen Herausforderung. Während unserer Jäger- und Sammlertage wurde das Leben von den Gesetzen der Natur diktiert. Das Überleben war ein täglicher Kampf gegen die Elemente, gegen Raubtiere und Krankheiten. In dieser Ära, die etwa 300.000 bis 12.000 Jahre zurückliegt, betrug die durchschnittliche Lebenserwartung gerade einmal 33 Jahre.[46] Diese Zahl ist nicht nur eine Statistik. Sie repräsentiert eine Lebenserzählung, die sich drastisch von heute unterscheidet. Menschen in dieser Ära erlebten rasante Lebenszyklen: eine sehr kurze Kindheit, eine nur etwas längere Phase des Erwachsenenlebens und dann ein schneller Abstieg zum Lebensende. Ihre gesamte Existenz drehte sich um unmittelbare Überlebensbedürfnisse. Es gab keinerlei Raum für Gedanken über eine mehr als kurzfristig entfernte Zukunft.

Vor etwa 12.000 Jahren begannen wir, Landwirtschaft zu betreiben und in größeren, sesshaften Gemeinschaften zu leben. Das veränderte grundlegend unsere Beziehung zur Umwelt und zueinander. Dieser Fortschritt hatte seinen Preis. Als die Menschen anfingen, enger zusammenzuleben, fanden übertragbare Krankheiten einen fruchtbaren Nährboden. Die Lebenserwartung bei der Geburt könnte sogar während dieser Phase nochmals leicht gesunken sein.

Während der antiken Zivilisationen von Rom und Griechenland blühten Philosophie, Demokratie und Kunst. Doch trotz dieser kulturellen Reichhaltigkeit war das Leben in Realität oft hart. Die Lebenserwartung lag immer noch bei nur etwa 20 bis 30 Jahren, eine Zahl, die tief von der Fragilität des frühen Lebens beeinflusst war.

Viele Kinder erreichten nie das Erwachsenenalter, das Überleben eines jedes Neugeborenen war unsicher. Diejenigen, die die Gefahren der Jugend überstanden, lebten oft in ihre 50er- und 60er-Jahre. Oft gehörten sie der gesellschaftlichen Elite an. Viele hatten Sklaven und Diener.[47]

Ähnlich verhielt es sich im mittelalterlichen Europa. Das Leben derer, die wir mit Burgen und Rittern verbinden, war prekär. Es wurde oft durch Krankheiten und schlechte Lebensbedingungen verkürzt. Nur diejenigen, die die Herausforderungen der Jugend überlebten, konnten ein relativ verlängertes Leben erleben.

Springen wir gleich ins 19. und 20. Jahrhundert. Diese Ära ist gekennzeichnet durch beispiellose Fortschritte in Wissenschaft und Medizin und eine seismische Verschiebung in der Lebenserwartung. Innovationen in der medizinischen Wissenschaft, verbesserte hygienische Verhältnisse und eine ausgewogene Ernährung schrieben das Drehbuch des menschlichen Lebens um. Zu Beginn des 20. Jahrhunderts stieg die durchschnittliche Lebenserwartung auf etwa 50 Jahre. Die meisten Menschen konnten nun davon ausgehen, ihre Kindheit zu überleben, das Erwachsenenalter zu erreichen und sogar Jahre darüber hinaus zu genießen. Es war eine Zeit der Transformation. Die Aussicht, länger zu leben, begann sich in das kollektive Bewusstsein einzuprägen. Sie veränderte die Struktur und die Erwartungen der Gesellschaft.

Heute, im späten 20. und frühen 21. Jahrhundert, stehen wir am Rand eines neuen Zeitalters. Zum ersten Mal ist ein Leben jenseits der 80 die Norm, nicht die Ausnahme. Dieser bemerkenswerte Anstieg an Lebensjahren ist das Ergebnis kontinuierlicher Verbesserungen im Gesundheitswesen, in der Ernährung und einer signifikanten Reduzierung der Kindersterblichkeit. Für die heute lebenden Generationen ist ein Alter von 100 Jahren kein seltenes Wunder, sondern eine erreichbare Realität. Wir leben in einer Welt, in der das Altern über das bloße Überleben hinausgeht und Jahrzehnte des potenziellen Wachstums, Lernens und Beitrags bietet.

Die mentale Herausforderung heute liegt nun nicht mehr im Kampf ums Überleben. Sie liegt darin, zu definieren, was es bedeutet, ein schönes, sinnvolles Leben über eine erweiterte Zeitspanne zu leben. Diese Verschiebung in der Lebenserwartung, von der fragilen Kürze der Antike zur robusten Länge der modernen Ära, schafft die Bühne für eine tiefgreifende Neubewertung des Alterns. Sie fordert tief verwurzelte Wahrnehmungen und Einstellungen heraus, die über Jahrtausende entstanden sind.

Altern wird oft als Verlust gesehen, als Abstieg und Abschied von der Blüte der Jugend. Diese Vorstellung ist tief in unseren Worten und unserer Kultur verwurzelt. Alltägliche Redewendungen zeigen diese Sichtweise. Ausdrücke wie »nicht mehr die Jüngsten sein« und »sich aufs Altenteil begeben« sind nicht nur Worte. Sie sind starke Metaphern, die prägen, wie wir das Altern sehen. Sie legen nahe, dass es mehr um Rückzug als um die Fortsetzung der Lebensreise geht.

Die Anti-Aging-Industrie verstärkt diese Erzählung. Sie speist sich aus unserer Faszination für die Jugend. Anzeigen und Medien sind voll von Botschaften, die die Jugend preisen. Sie stellen sie als Höhepunkt von Schönheit, Energie und Bedeutung dar. Ältere Menschen werden oft in Rollen gezeigt, die sich auf ihren Niedergang konzentrieren. Sie werden dargestellt, als müssten sie gegen das Altern kämpfen, nicht als erlebten sie eine natürliche, wertvolle Lebensphase.

In der Gesundheitsversorgung setzt sich diese Sichtweise fort. Die Altenpflege konzentriert sich oft allein auf altersbedingte Probleme. Zu oft liegt der Fokus auf dem Niedergang. Das Potenzial für anhaltendes Wachstum und Wohlbefinden wird häufig übersehen. Es gibt nur selten Diskussionen über die Verbesserung der geistigen, körperlichen oder emotionalen Gesundheit im Alter. All dies schafft eine Vorstellung davon, dass Altern hauptsächlich mit dem Verlust von Fähigkeiten verbunden ist.

In der Arbeitswelt sehen sich erfahrene Arbeitskräfte oft der Altersdiskriminierung ausgesetzt. Sie werden aufgrund ihres Alters als weniger innovativ angesehen oder für bestimmte Projekte nicht vorgeschlagen. In Jobanzeigen liest man von Arbeitgebern, die »vitale«, »flexible« oder »energische« neue Mitarbeiter suchen. Dieser Fokus spricht junge Menschen an. Es führt dazu, dass Ältere für diese Möglichkeiten übersehen werden. Es unterbewertet ihre Erfahrung und schränkt die Vielfalt am Arbeitsplatz ein.

Doch langsam zeichnet sich Wandel ab: Unter anderem Wohltätigkeitsorganisationen, die sich für Altersinklusion einsetzen, arbeiten daran, diese Einstellung der Gesellschaft zu verändern. Sie kämpfen gegen altersbedingte Stereotypen und fördern den Wert älterer Arbeitnehmer am Arbeitsplatz. Ihr Ziel ist es, eine Arbeitsumgebung zu schaffen, in der Erfahrung und Altersvielfalt als Stärken gesehen werden. Bei immer mehr Firmen können sich ehemalige Mitarbeitende zum Beispiel als Seniorexperten registrieren und ihr Fachwissen an jüngere Kollegen weitergeben. Beim Technologieunternehmen Bosch sind dies 2400 Beschäftigte weltweit. Andere Firmen ermöglichen es in Rente getretenen Mitarbeitern, wieder in den Beruf zurückzukommen. Ältere können genauso an Trainee-Programmen teilnehmen wie jüngere.[48]

Frauen und das Altern, Gender und Gender-Wealth-Gap

Altern ist natürlich eine universelle Erfahrung. Unsere gesellschaftliche Fixierung auf Schönheit und Jugend trifft Frauen jedoch oft härter. Diese Voreingenommenheit ist nicht nur gesellschaftlich, sondern auch tief persönlich und internalisiert.

Die Reflexionen über das Altern der Autorin, Kulturkritikerin und Regisseurin Susan Sontag bringen dies ans Licht. Bereits 1972 schrieb sie das Essay »The Double Standard of Aging«[49] kurz vor ihrem 40. Geburtstag und vermittelt die Scham, die oft mit dem Altern verbunden ist. Sie argumentiert, dass Frauen in unserer Gesellschaft unter einem unerbittlichen Druck stehen, ihr Aussehen auf einem bestimmten hohen Standard zu halten. Dieser Druck kann zu Gefühlen der Scham führen. Insbesondere wenn Frauen älter werden und Schwierigkeiten haben, diesen hohen Standard zu erfüllen. Sie schreibt, dass im Gesicht eines Mannes die Falten als Zeichen des Charakters gelten. Aber im Gesicht einer Frau ist jede Falte, jede Linie, jedes graue Haar eine Niederlage.

In ihren Reflexionen erfasst Sontag die breitere Erfahrung vieler Frauen. Die Scham, die sie oft beim Altern empfinden, betrifft nicht nur die Veränderung der Körperlichkeit. Es geht auch um das gesellschaftliche Urteil, das damit einhergeht. Es ist ein Aufruf, tief verwurzelte Vorurteile neu zu bewerten und herauszufordern.

Vielleicht ist es diese Scham, die den boomenden Anti-Aging-Markt befeuert?

Botox, Anti-Falten-Cremes, Mommy Makeovers, kosmetische Chirurgie – alles verspricht, die Spuren der Zeit auszulöschen. Insbesondere Frauen werden angesprochen. Ihnen werden nicht nur Produkte, sondern auch das Versprechen gesellschaftlicher Akzeptanz, die Rückkehr zu einem geschätzten Zustand, verkauft.

Es gibt große Unterschiede in den Rentenersparnissen zwischen Männern und Frauen. Diese Rentenlücke resultiert oft aus einer Kombination aus Lohnunterschieden, Karriereunterbrechungen (oft aufgrund von Kindererziehung oder Pflegeverantwortung) und Teilzeitarbeit. In vielen Ländern tragen diese Faktoren dazu bei, dass Frauen im Vergleich zu Männern weniger Rentenersparnisse ansammeln. Das wiederum trägt zu höherer finanzieller Unsicherheit unter Frauen im späteren Leben bei.

Es ist ja klar: Man muss Geld haben, um Geld für den Ruhestand zur Seite zu legen. Deshalb wird der Gender-Pay-Gap letztendlich zu einem Gender-Wealth-Gap führen. Aber wie wir zuvor gesehen haben: Geld ist wichtig. Aber Geld ist nicht alles. Das Money-Mindset ist auch wichtig. Und was beim Money-Mindset besonders wichtig ist, ist ein langfristiger mentaler Zeithorizont. Empathie mit dem zukünftigen Selbst zu entwickeln, hat greifbare Vorteile. Es kann zu besserer finanzieller Planung und Sparverhalten motivieren. (Wir schauen uns das später noch genauer an.)

Doch in Anbetracht der Tatsache, dass »Alter« teilweise gleichgesetzt wird mit »unschön« und »weniger tauglich«, könnte es passieren, dass wir uns nicht mit uns selbst als »alt« auseinandersetzen möchten. Wenn das Altern als etwas angesehen wird, dessen man sich schämen und das man bekämpfen sollte, könnte es zu einer Entfremdung vom zukünftigen Selbst führen? Und könnte diese Entfremdung die Bereitschaft zur Ruhestandsplanung beeinträchtigen?

Jugend vs. Alter

Früher neigten Verhaltenswissenschaftler dazu, menschliches Verhalten vorschnell als irrational zu bezeichnen. Heute zögern wir, solche Urteile zu fällen, und betrachten das Verhalten im Kontext seiner Umstände. Vielleicht gibt es tatsächlich gute Gründe dafür, warum wir uns so verhalten. Vielleicht haben uns diese Instinkte, Emotionen und scheinbar irrationalen Entscheidungen gut gedient? So könnte auch die Besessenheit von Schönheit und Jugendlichkeit tief in uns verankert sein, weil sie es uns – vor langer Zeit – ermöglichte, äußerst komplexe langfristige Entscheidungen hier und jetzt schnell zu treffen. Einige Studien aus der Evolutionsbiologie und Psychologie legen nahe, dass dies durchaus der Fall gewesen sein könnte.

Aus evolutionärer Sicht wird Jugend oft mit Fruchtbarkeit und reproduktivem Potenzial in Verbindung gebracht. Demnach werden wir unbewusst dazu getrieben, Partner auszuwählen, die wahrscheinlich zu erfolgreicher Fortpflanzung beitragen. Dies zeigt sich besonders in der Vorliebe von Männern für jüngere Frauen, da Fruchtbarkeit bei Frauen direkter mit dem Alter zusammenhängt.[50] Jüngere Frauen könnten auch bevorzugt werden, da sie gesünderen Nachwuchs mit einer besseren Überlebenschance zur Welt bringen könnten.[51]

In Studien der Evolutionspsychologie wird Jugendlichkeit oft mit Anzeichen von Gesundheit und Vitalität assoziiert. Körperliche Merkmale, die mit Jugend verbunden sind – wie reine Haut, körperliche Fitness und Energie – sind unterbewusste Indikatoren für gute Gesundheit und genetische Qualität.[52] Eine kürzliche veröffentliche Studie der Yale School of Medicine zeigte, dass reine Haut im Allgemeinen sogar mit Vertrauenswürdigkeit und Intellekt in Verbindung gebracht wird.[53] Jugendlichkeit wird auch mit Anpassungsfähigkeit, Lernpotenzial und der Fähigkeit zur Veränderung assoziiert. Diese Eigenschaften können in der Wahl eines langfristigen Partners besonders wichtig sein.[54]

Das Problem, das jeder bei der Partnerwahl hat, ist folgendes: Wir können nicht sicher wissen, ob dieser Partner oder diese Partnerin langfristig eine gute Wahl sein wird. Wir können den zukünftigen finanziellen Erfolg, die psychische Widerstandsfähigkeit oder die Anpassungsfähigkeit an veränderte Lebensumstände eines Menschen nicht vorhersagen. All diese Eigenschaften sind für den langfristigen Beziehungserfolg entscheidend.

Aufgrund dieser Unsicherheit könnten Merkmale wie reine Haut, körperliche Fitness, Energie, jugendliches Aussehen usw. oft hilfreiche Faustregeln gewesen sein, um uns bei diesen Entscheidungen zu helfen. Diese Präferenzen, tief in unserer evolutionären Vergangenheit verwurzelt, könnten unsere Entscheidungen auch in der modernen Gesellschaft prägen, auch wenn der direkte Zusammenhang zwischen diesen Merkmalen und langfristigem Erfolg heute nicht mehr so ausgeprägt ist, wie es vielleicht einst der Fall war.

Warum könnte es nützlich sein, dies zu berücksichtigen?

Zu verstehen, warum wir noch immer von Jugend und Schönheit besessen sind, ist aus mehreren Gründen entscheidend:

- So bietet sich eine breitere Perspektive auf menschliches Verhalten, das über bloße kulturelle oder soziale Erklärungen hinausgeht: Die Erkenntnis, dass unsere Präferenzen in tief verwurzelten evolutionären Prozessen verankert sind, hilft dabei, zu verstehen, woher es kommt. Und warum es nicht nur dumm oder irrational sein könnte.

- Dieses Wissen fördert auch eine empathischere Sicht auf uns selbst und andere. Unsere Anziehung zu Jugend und Schönheit ist nicht unbedingt oberflächlich oder belanglos. Sie ist vielleicht schlicht Teil unseres evolutionären Erbes. Diese Erkenntnis kann zu einem differenzierteren Verständnis menschlicher Wünsche und Motivationen führen.

Dennoch bleibt es ebenso wichtig, die Rolle moderner gesellschaftlicher Einflüsse zu erkennen. Unsere heutige Umgebung verstärkt diese natürlichen Neigungen, manchmal bis zu ungesunden Ausmaßen. Das Verständnis der evolutionären Basis rechtfertigt nicht die Besessenheit. Vielmehr liefert sie einen Kontext dafür, warum diese Merkmale überhaupt wichtig sind.

Verstehen Sie mich nicht falsch: Ich sage nicht, dass Alter nur biologisch ist und unsere Perspektive auf Alter allein evolutionsbiologisch oder evolutionspsychologisch erklärt werden kann. Absolut: Alter und Altern sind ebenso ein soziales und ein kulturelles Phänomen. Aber es ist keine soziale Konstruktion. Die biologische und die evolutionsbiologische Perspektive spielen ebenso eine Rolle. Es ist sozial, kulturell *und* biologisch. Es ist alles zugleich.

Altern in anderen Kulturen

Kulturanthropologen haben dieses Zusammenspiel von Biologie, Kultur und Gesellschaft in zahlreichen Werken hervorgehoben. Die Forschung von Jay Sokolovsky[55] beispielsweise bietet aufschlussreiche Beispiele. Sie zeigen, wie unterschiedlich verschiedene Kulturen ihre Älteren wahrnehmen und behandeln. Die Sichtweisen reichen von Verehrung und Respekt bis hin zu Marginalisierung und Altersdiskriminierung. In vielen indianischen Stämmen zum Beispiel werden Ältere als Hüter der Geschichte und Weisheit verehrt. Sie dienen oft als Ratsmitglieder und sind zentral für die Weitergabe von Traditionen an jüngere Generationen.

In ländlichen japanischen Gemeinschaften werden ältere Menschen für ihre Lebenserfahrung respektiert. Sie spielen oft eine bedeutende Rolle bei Gemeindeveranstaltungen und Entscheidungsprozessen. Man begegnet ihnen oft mit »kindlicher Ehrfurcht«.

In Kulturen wie den Massai in Kenia und Tansania sind Ältere ein integraler Bestandteil der sozialen Struktur. Sie haben Positionen der Autorität in der Gemeinschaft inne. Sie überwachen Rituale, lösen Streitigkeiten und leiten die jüngeren Mitglieder.

Die Arbeit von Margaret Lock[56] über die Menopause in Japan ist ebenfalls sehr relevant im Kontext des Verständnisses kultureller Variationen in der Wahrnehmung und Erfahrung des Alterns. Im westlichen Kontext werden die körperlichen Symptome der Menopause betont. Hitzewallungen, Nachtschweiß und Osteoporose. Diese Symptome werden oft sowohl in der medizinischen Literatur als auch in den Medien hervorgehoben. Es schafft ein Narrativ, dass die Menopause eine Zeit körperlicher Belastung ist. Etwas, das oft zum Beispiel mit Hormonersatztherapie behandelt werden muss. Lock zeigt, dass die Menopause in westlichen Gesellschaften oft auch mit psychologischen und emotionalen Herausforderungen wie Depression, Angst und einem Gefühl des Verlustes in Verbindung gebracht wird. Diese Sichtweise kann mit breiteren gesellschaftlichen Einstellungen zum Altern verbunden sein, bei denen der Fokus auf Niedergang und Verlust der Jugendlichkeit liegt.

All das steht in krassem Gegensatz zu Japan. Lock beobachtete, dass japanische Frauen weniger und weniger schwere menopausale Symptome berichteten als Frauen in Nordamerika. Sie untersuchte, wie gesellschaftliche Einstellungen, Ernährung, Lebensstil und kulturelle Überzeugungen über Altern und Weiblichkeit diese Erfahrungen beeinflussten. Zum Beispiel wurde in Japan die Menopause nicht stark medikalisiert oder als Störung angesehen. Vielmehr wurde sie oft als natürlicher Übergang im Leben angesehen, mit weniger damit verbundenem Stigma.

Diese Forschung hebt hervor, dass die *Erfahrung* der Menopause und damit auch des Alterns nicht nur ein biologischer Prozess ist. Altern ist tief in kulturellen Kontexten verwurzelt. Es fordert die Vorstellung einer universellen Erfahrung physiologischer Prozesse heraus. Es unterstreicht die Bedeutung des Verständnisses des Alterns aus einer ganzheitlichen Perspektive.

Die Erkenntnis, dass Altern nicht nur eine biologische Unvermeidlichkeit, sondern *auch* ein soziales und kulturelles Konstrukt ist, ist aus mehreren Gründen befreiend: Erstens ermöglicht es uns, das Altern als eine vielfältige und facettenreiche Erfahrung zu sehen. Es ist kein einheitlicher Prozess, der allein durch körperliche Veränderungen definiert wird. Dieses Verständnis eröffnet die Möglichkeit für eine Vielzahl von Alterungserfahrungen, die von kulturellen Normen, Überzeugungen und Einstellungen beeinflusst sind.

Zweitens ermächtigt das Verständnis der kulturellen Dimensionen des Alterns uns, negative Stereotypen und Praktiken herauszufordern und potenziell zu ändern. Wenn unsere Wahrnehmungen des Alterns nicht festgelegt, sondern kulturell geprägt sind, dann können sie umgeformt werden. Gesellschaften können sich von Erzählungen entfernen, die sich ausschließlich auf Niedergang und Verlust konzentrieren. Sie könnten sich stattdessen solchen zuwenden, die Erfahrung, Weisheit und den anhaltenden Beitrag älterer Menschen wertschätzen.

Lassen Sie uns nun betrachten, wie wir das Altern im 100-Jahre-Leben betrachten könnten.

Das neue Altern im 100-Jahre-Lebenszyklus

Im 100-Jahre-Leben liegt der Fokus nicht auf ewiger Jugend. In einem solch langen Leben sind körperliche Veränderungen wie Falten und graue Haare unvermeidlich. Unsere Haut verliert mit der Zeit an Elastizität, das Haar kann dünner werden (oder ganz ausfallen), und unsere körperliche Stärke mag nachlassen. Wir können langsamer werden und feststellen, dass Aufgaben, die einst mühelos waren, mehr Zeit und Energie erfordern.

Doch dies bedeutet nicht, dass unser Leben ab einem gewissen Punkt nur von Verfall geprägt ist. In einem 100-Jahre-Leben ist es besonders wertvoll, das Leben als einen »Lebensbogen« zu betrachten. Diese Perspektive stammt von Anne Karpf, einer renommierten Soziologin.[57] In ihrem Konzept des Lebensbogens betont Karpf, dass jede Lebensphase – Kindheit, Jugend, Erwachsenenalter und Alter – ihre eigenen einzigartigen und wertvollen Erfahrungen und Lektionen bietet. Wir sollten das Alter nicht als eine Phase des Niedergangs sehen. Sondern als eine Zeit der Reife betrachten. Eine Zeit, in der viele Lebensentscheidungen getroffen werden auf Grundlage eines Lebens voller Erfahrungen.

Karpf schlägt vor, dass ein tieferes Verständnis und eine Wertschätzung für das Alter und den Alterungsprozess uns ermöglichen, unser

Leben als ein Ganzes zu betrachten. Dies umfasst die Annahme, dass jedes Alter seine Bedeutung und Schönheit hat und dass das spätere Leben eine Fortsetzung der Reise ist, nicht ihr Ende. Durch diese Linse gesehen, wird das Altern zu einem integralen und bereichernden Teil des menschlichen Daseins, nicht zu einem Prozess, der gefürchtet oder vermieden werden sollte.

Die Perspektive des Lebensbogens kann im Alltag auf verschiedene Weise umgesetzt werden. Besonders dann, wenn es um den Umgang mit altersbedingten Herausforderungen geht. Hier sind einige Beispiele, wie man diese Perspektive praktisch anwenden kann:

- Statt den 40. Geburtstag (oder einen anderen runden Geburtstag) als ein Zeichen des Alterns zu betrachten, könnten Sie ihn als einen aktuellen Höhepunkt Ihrer Lebenserfahrung und Reife feiern.
- Wenn das Aufstehen schwerfällt, erinnern Sie sich daran, dass Ihr Körper im Laufe der Jahre viele Abenteuer erlebt hat. Anstatt sich auf körperliche Einschränkungen zu konzentrieren, würdigen Sie die Reisen, die Ihr Körper mit Ihnen durchgemacht hat. Dies könnte auch eine Gelegenheit sein, sich auf weniger körperlich-intensive, aber geistig stimulierende Aktivitäten zu konzentrieren.
- Anstatt sich über Vergesslichkeit zu ärgern, betrachten Sie dies als eine Erinnerung daran, im Moment zu leben. Diese Phase des Lebens kann genutzt werden, um sich auf das Hier und Jetzt zu konzentrieren und weniger auf die endlosen Listen und Aufgaben der Vergangenheit.

Kurzum, jede Phase des Alters kann eine aktiv bereichernde Zeit des immensen Wachstums sein, wenn wir es als einen unvermeidlichen Teil der menschlichen Kondition anerkennen. Beim Älterwerden geht es nicht um körperliche Fitness oder Aussehen. Wichtiger ist die Entschlossenheit, in jedem Alter und jeder Lebensphase voll zu leben.

Die Zeitwahrnehmung neu gestalten

Eine Uhr ist mehr als ein Gerät. Sie ist ein Symbol dafür, wie wir die Zeit wahrnehmen. Sie tickt unaufhörlich, Minute für Minute, Stunde für Stunde. Dieses konstante Voranschreiten der Zeit prägt unsere

Sicht auf die Welt. Wir denken oft **chronologisch**. Was gestern passierte, ist Vergangenheit. Was morgen kommt, ist Zukunft. Wir verorten Ereignisse auf einer linearen Zeitachse. Jeder Moment wird einmalig und verschwindet dann in der Vergangenheit.

In einem 100-Jahre-Leben kann die chronologische Sichtweise hilfreich sein. Sie ermöglicht uns, das Leben in Phasen zu sehen. Jede Phase hat ihre Bedeutung und Herausforderungen. Chronologie hilft uns, unsere Lebensgeschichte zu ordnen und zu verstehen. Wir erkennen, wie frühere Erfahrungen spätere beeinflussen. Das Bewusstsein für den Lauf der Zeit kann uns motivieren, unsere langfristigen Ziele zu verfolgen und die kostbare Natur jedes Lebensabschnitts zu schätzen.

Doch Zeit muss nicht nur linear betrachtet werden. Wir können sie auch **zyklisch** sehen. Die Natur zeigt uns, wie das geht. Jedes Jahr kehrt der Frühling zurück, mit ihm die Blüten und das Erwachen der Natur. Jedes Jahr feiern wir Geburtstage, gedenken besonderer Ereignisse. Weihnachten, Neujahr, jährliche Traditionen und Feste kehren immer wieder. In einem zyklischen Zeitverständnis ist jedes Ereignis Teil eines wiederkehrenden Kreislaufs. Es erinnert uns daran, dass das Leben aus wiederkehrenden Mustern und Rhythmen besteht.

Auch das zyklische Zeitdenken kann in einem 100-Jahre-Leben – in dem wir das Leben als einen Bogen betrachten wollen – besonders wertvoll sein. Zyklisches Denken betont die Erneuerung und Wiederkehr von Lebensereignissen. In einem langen Leben erleben wir viele solcher Zyklen. Sie bieten Gelegenheiten für Neuanfänge. Zyklen erinnern uns daran, dass nach jeder Phase des Lebens eine neue Chance auf Erneuerung und Wachstum wartet. Zyklische Muster geben uns ein Gefühl von Beständigkeit und Sicherheit in einer sich schnell verändernden Welt. Sie schaffen eine Verbindung zwischen den Generationen und bieten einen Rahmen, der über die Jahre Bestand hat.

In einem 100-Jahre-Leben können wir lernen, Ereignisse aus verschiedenen Lebensphasen in einem breiteren, zyklischen Kontext zu sehen. Dies ermöglicht einen reicheren, mehrdimensionalen Blick auf das Leben und seine Herausforderungen.

Für ein 100-Jahre-Leben ist es ebenfalls wertvoll, die Zeit **thanatologisch** zu betrachten – das heißt, vom Ende her zu denken. »Vom Ende her zu denken« tun wir nicht häufig, aber manchmal ist es Teil unserer Entscheidungsfindung. Zum Beispiel, wenn wir ein Auto oder

Fahrrad gebraucht kaufen. In solchen Fällen überlegen wir oft, wie lange das Fahrzeug noch halten wird und wie viel es uns bis zum Ende seiner Nutzungsdauer kosten wird. Wir denken darüber nach, wie der Wert des Autos oder Fahrrads über die Zeit sinkt und wie dies unsere Investition beeinflusst. Wir fragen uns, wie viel Nutzen und Freude es uns in den verbleibenden Jahren seiner Lebensdauer bringen wird. So kalkulieren wir den Preis nicht nur auf Basis des aktuellen Zustands. Sondern auch unter Berücksichtigung des potenziellen Endpunktes seiner Nutzung.

Diese Art des Denkens kann auch auf das 100-Jahre-Leben übertragen werden. Indem wir unser Leben vom Ende her betrachten, werden wir ermutigt, über den langfristigen Wert unserer Entscheidungen, Aktivitäten und Beziehungen nachzudenken. Es hilft uns, Prioritäten zu setzen und Entscheidungen zu treffen, die uns nicht nur im Moment, sondern auch langfristig Erfüllung und Zufriedenheit bringen. Hier einige Beispiele:

- Wenn wir überlegen, im fortgeschrittenen Alter nochmals zu studieren, könnten wir uns vorstellen, am Ende unseres Lebens zurückzublicken: Werden wir dankbar sein für das Wissen und die Erfahrungen, die das Studium uns gebracht hat?
- Wenn wir mit 60 Jahren überlegen, eine neue Beziehung zu beginnen, könnten wir uns fragen: Werden wir am Ende unseres Lebens durch die gemeinsamen Jahre mit dieser Person bereichert sein?
- Bei der Entscheidung, ein Haus auszubauen, könnten wir vom Lebensabend her denken: Werden wir auf die Veränderungen zurückblicken und sie als Quelle von Freude und Komfort sehen, die die Investition gerechtfertigt haben?
- Bei der Überlegung, im späteren Berufsleben noch einmal einen Jobwechsel vorzunehmen, können wir uns fragen: Werden wir am Ende auf diese Veränderung zurückschauen und sie als einen positiven Einfluss auf unsere letzten Jahre bewerten?

In all diesen Fällen ermöglicht uns der thanatologische Ansatz, unser Leben im Kontext seiner Endlichkeit zu sehen und Entscheidungen zu treffen, die auf langfristiger Zufriedenheit und Erfüllung basieren. Die thanatologische Sichtweise, bei der wir unser Leben vom Ende her betrachten, kann uns tatsächlich helfen, gegenwärtige Probleme gelassener zu sehen:

- Wenn wir über den schwierigen Kollegen nachdenken, können wir uns fragen: Wird die Bedeutung am Ende unseres Lebens noch relevant sein? Wahrscheinlich wird sie dann in der Rückschau als eine von vielen Begegnungen erscheinen, die wenig Einfluss auf den Gesamtverlauf unseres Lebens hatten.
- Ähnlich verhält es sich mit einer Mikromanagerin als Chefin: Im Kontext eines ganzen Lebens gesehen, wird diese Erfahrung nur ein kleiner Teil eines viel größeren Bildes sein. Am Ende wird es wichtiger sein, wie wir auf solche Herausforderungen reagieren und was wir daraus gelernt haben.
- Auch ein schlechtes Jahr im Job bekommt eine andere Perspektive. Wenn wir auf unser Leben zurückblicken, werden solche Phasen eher als Lern- und Wachstumsmomente gesehen, nicht als dauerhafte Rückschläge.
- Bei finanziellen Angelegenheiten, wie zum Beispiel einer schlechten Bilanz unserer Investitionen im Aktienmarkt, kann das Ende unseres Lebens als Maßstab dienen. Im Rückblick wird wahrscheinlich die langfristige finanzielle Planung und nicht die kurzfristigen Schwankungen entscheidend sein.

Kurzum, diese Perspektive hilft uns, Prioritäten zu setzen und das Leben bewusster zu leben. Wenn wir uns vorstellen, wie wir auf unser Leben zurückblicken möchten, können wir Entscheidungen treffen, die unseren wahren Werten und Zielen entsprechen.

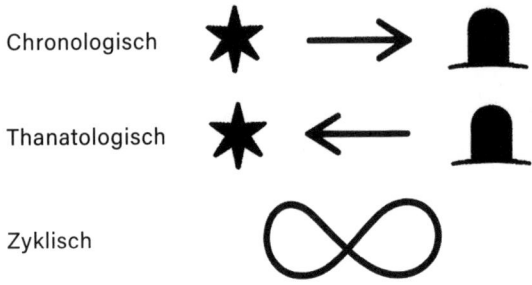

Wegweiser

Sie laufen durch eine südeuropäische historische Altstadt – zum Beispiel in Italien oder Spanien. Sie lassen sich vom Charme der Umgebung verzaubern, bemerken die zugeklappten Fensterläden, die in dieser Region so typisch sind: tagsüber geschlossen, sodass sie die Wohnungen vor der sengenden Mittagssonne abschirmen, und erst abends geöffnet, um die kühle Abendluft hereinzulassen. Ihr Blick fällt auf die Blumen, die von Balkonen und Fenstern herabhängen und die die Straßen in ein buntes Blütenmeer verwandeln. Alles wirkt malerisch und entspannt. Traditionell und doch lebendig.

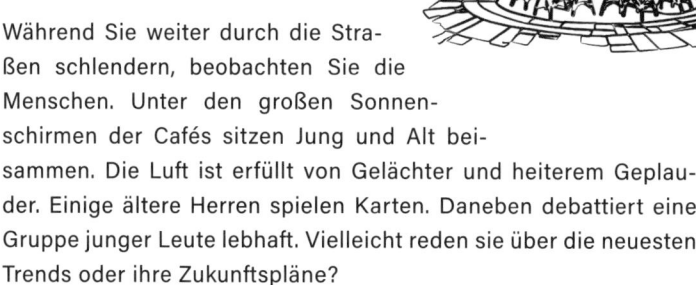

Während Sie weiter durch die Straßen schlendern, beobachten Sie die Menschen. Unter den großen Sonnenschirmen der Cafés sitzen Jung und Alt beisammen. Die Luft ist erfüllt von Gelächter und heiterem Geplauder. Einige ältere Herren spielen Karten. Daneben debattiert eine Gruppe junger Leute lebhaft. Vielleicht reden sie über die neuesten Trends oder ihre Zukunftspläne?

Was vermissen Sie am meisten am traditionellen Drei-Stufen-Leben (Ausbildung, Arbeit, Rente)?
- Die Vorhersehbarkeit und Struktur des Karrierewegs?
- Das klare Ziel des Ruhestands als Belohnung für jahrelange Arbeit?
- Die einmalige, intensive Ausbildungsphase im jungen Alter?
- Die klaren Erwartungen an jede Lebensphase?

Welche Aspekte des Multi-Stufen-Lebens bereiten Ihnen am meisten Sorgen?
- Die Unsicherheit und Notwendigkeit ständiger Veränderung?
- Der Druck, lebenslang lernen und sich weiterentwickeln zu müssen?
- Die Herausforderung, mehrere Karrieren und Lebensphasen zu balancieren?
- Die potenzielle finanzielle Instabilität durch häufige Wechsel?

Welche Eigenschaften des Drei-Stufen-Modells vermissen sie *nicht*?
- Die engen, konservativen Vorstellungen darüber, wie ein Leben »richtig« zu führen ist?
- Die starren Rollenbilder die vorgeben, was sich für ein bestimmtes Alter gehört, und was nicht?
- Die veralteten und rigiden Konzepte von Erfolg und Lebensplanung?
- Die Annahme, dass Entspannung erst im Ruhestand beginnt?

Was sehen Sie als die größten Vorteile des Multi-Stufen-Lebens an?
- Die Vielfalt an Karrieremöglichkeiten und Lebenserfahrungen?
- Die Flexibilität, das Leben an persönliche Bedürfnisse anzupassen?
- Die Möglichkeit, das Leben selbst zu planen?
- Die Fähigkeit, Arbeit und Freizeit über das gesamte Leben hinweg besser auszubalancieren?

Nun blättern Sie durch alte Fotoalben und betrachten ein Bild von sich, wie Sie als etwa Fünfjähriger im Sandkasten um die Ecke spielen. Um Sie herum sind andere Kinder, deren Namen Ihnen heute nicht mehr einfallen. Ein Klassenfoto aus der vierten Klasse zieht Ihre Aufmerksamkeit auf sich. Wie hieß nur die Lehrerin? Ihr Blick streift über die Gesichter, einige vertraut, andere fremd geworden.

Dann entdecken Sie Fotos von Ihrer ersten Liebe. Die Erinnerung an den ersten Kuss lässt Sie schmunzeln – wie seltsam und aufregend das damals war. Ihnen fällt auf, dass Sie schon damals Ihre Eigenheiten hatten. Mit 21, wie Sie auf einem Foto sehen, zogen Sie beim Lesen auf dem Sofa die Füße in einer ganz bestimmten Art an, die Sie noch heute haben.

Ein anderes Bild zeigt Sie mit 30 an einem Strand, ausgelassen lachend. Doch Sie erinnern sich, dass es eine Zeit voller persönlicher Unsicherheiten war. Trotz des scheinbaren Glücks auf dem Foto.

Diese Bilder lassen Sie nachdenken.

1. Gehen Sie online und suchen Sie die »Death Clock«. Finden Sie heraus, wie viele Tage Sie (statistisch gesehen) noch haben. Stellen Sie sich nun vor, Sie bekämen 2 Millionen Euro – eine überraschende Erbschaft. Das ist genug Geld, um Ihre Bedürfnisse zu befriedigen, jetzt und bis zu Ihrem letzten Tag. Wie würden Sie Ihr Leben von nun an leben? Was würden Sie mit dem Geld tun? Würden Sie etwas ändern? Lassen Sie sich gehen. Halten Sie Ihre Träume nicht zurück. Beschreiben Sie ein Leben, das vollständig ist, das ganz Ihnen gehört.

2. Stellen Sie sich vor, Sie haben noch die 2 Millionen Euro. Sie gehen zu Ihrem Arzt, der Ihnen sagt, dass Sie noch fünf bis zehn Jahre zu leben haben. Die gute Nachricht ist, dass Sie sich nie mehr krank fühlen werden. Die schlechte Nachricht ist, dass Sie den Zeitpunkt Ihres Todes nicht genau wissen werden. Was werden Sie in der Zeit, die Ihnen noch bleibt, tun? Werden Sie Ihr Leben ändern, und wie werden Sie es tun?

3. Dieses Mal schockiert Sie Ihr Arzt mit der Nachricht, dass Sie nur noch einen Tag zu leben haben. Achten Sie darauf, welche Gefühle in Ihnen aufkommen, wenn Sie mit Ihrer Sterblichkeit konfrontiert werden. Fragen Sie sich selbst: Welche Träume werden unerfüllt bleiben? Was wünschte ich, ich hätte es geschafft oder wäre es gewesen? Was hätte ich gerne getan? Habe ich etwas verpasst?

Diese Fragen sind inspiriert von George Kinders »drei Fragen zur Lebensplanung«.[58]

Wir schließen den zweiten Teil ab.

In diesem Teil haben wir uns bemüht zu verstehen, warum die Planung für ein 100-Jahre-Leben schwierig ist.

Wir haben festgestellt, dass das Geldmanagement schwer ist, weil unsere evolutionär geprägten Verhaltensweisen und psychologischen Neigungen oft in Konflikt mit den Anforderungen moderner Finanzplanung stehen. Instinkte, die einst überlebenswichtig waren, können uns in der komplexen Welt der Finanzen in die Irre führen. Darüber hinaus sind die Herausforderungen, die mit dem Verwalten und Sparen von Geld verbunden sind, teilweise das Ergebnis einer Welt, die schnelle Belohnungen fördert und langfristiges Denken weniger wertschätzt.

Wir haben gesehen, dass Ruhestandsplanung im Besonderen ein mentales Problem ist. Nicht nur, weil wir sofortige Befriedigung suchen und priorisieren. Sondern weil wir in den letzten 150 Jahren Erwartungen geformt haben, die nicht mehr dem kulturellen, sozialen und wirtschaftlichen Geist der Zeit entsprechen. Auch das ist eine riesige mentale Herausforderung.

Schließlich akzeptieren wir, dass Langlebigkeit an sich schwer ist, weil wir nie darauf vorbereitet wurden, so lange zu leben. Wir stehen vor der Herausforderung, unsere Lebenspläne, Gesundheitsvorsorge und sozialen Strukturen an eine längere Lebensdauer anzupassen. Die Vorstellung von einem Leben, das sich möglicherweise über ein Jahrhundert erstreckt, erfordert ein Umdenken in Bezug auf Arbeit,

Ruhestand, persönliche Entwicklung und zwischenmenschliche Beziehungen. Auch das ist mental sehr schwer.

Die Kombination all dieser Aspekte hilft uns zu verstehen, dass es nicht an uns liegt, dass wir es schwer finden, ein schönes, langes Leben zu finanzieren. Wir sind nicht dumm, schlecht oder irrational. Es ist der historische Kontext, in dem wir leben, der diese Herausforderungen schafft. Unsere aktuellen Schwierigkeiten bei der Planung für ein langes Leben spiegeln die Tatsache wider, dass unsere Gesellschaften, Institutionen und persönlichen Erwartungen sich noch an die Realität einer beispiellosen Langlebigkeit anpassen müssen. Diese Erkenntnis ermöglicht es uns, mit größerer Nachsicht auf unsere eigenen Schwächen zu blicken und mit mehr Verständnis und Kreativität an die Gestaltung unseres langen Lebens heranzugehen.

Kann es weitergehen? Wir haben jetzt genug Probleme erkannt. Zeit für Lösungen.

TEIL 3

Selbstwissen: der Schlüssel zu Glück und Wohlstand im 100-Jahre-Leben

Im letzten Teil konzentrieren wir uns darauf, wie wir klügere Entscheidungen treffen. Und wie wir besser mit Geld umgehen. Jetzt geht's ans Eingemachte. Wie erreichen wir Financial Wellbeing? Wie schaffen wir es, Geld so zu verdienen, auszugeben und zu verwalten, dass wir heute, morgen und in Zukunft glücklich sind?

Der Schlüssel dazu ... Trommelwirbel ... ist Selbstwissen.

Wir müssen verstehen, was uns wirklich glücklich macht. Natürlich müssen wir das! Ohne dieses Wissen können wir unser Geld nicht verdienen, ausgeben und verwalten im Einklang mit dem, was uns glücklich macht.

Zusätzlich müssen wir lernen zu erkennen was uns im Alltag daran hindert, uns mit diesen Themen auseinanderzusetzen. Denn das Problem, kurz und knapp, ist folgendes: Wir leben in einer Welt voller Ablenkungen. Es geht nicht nur um Familie, Arbeit und alltägliche Verpflichtungen – was an sich schon unsere gesamte Aufmerksamkeit erfordern würde. Nein, hinzu kommen zunehmend raffiniertere Systeme, die unsere Aufmerksamkeit clever auf sich lenken. Der häufig gegebene und gut gemeinte Ratschlag »Ignoriere es einfach« verkennt die Realität. Wie diese Systeme funktionieren und welche besonders starke Wirkung sie auf uns haben, ist ebenfalls Teil dieses Kapitels.

Außerdem brauchen wir eine starke Verbindung zu unserem zukünftigen Selbst. Konkreter: zu den Sorgen, Wünschen und Bedürfnissen unseres zukünftigen Selbst. Wir müssen herausfinden, was wirklich für uns zählt, wo unsere Prioritäten liegen. Wie das gelingen kann, erfahren Sie auf den letzten Seiten dieses Buches.

Legen wir los.

Das Glück im Alltäglichen: Erkennen, was wirklich zählt

Für ein glückliches langes Leben brauchen wir eine ganz wichtige Zutat: das Wissen darüber, was uns eigentlich glücklich macht. Damit wir »ein glückliches Leben« führen können. Das klingt vielleicht oberflächlich oder albern. Nach infantiler Unbeschwertheit. Naiv. Vielleicht ein bisschen wie in dem bekannten Song »Happy« von Pharrell Williams (Sie wissen, der mit »Because I'm happy«. Sie finden es schnell auf YouTube). Wer braucht schon ein Dach überm Kopf, meint Williams, wenn man weiß, dass Glück die ultimative Wahrheit ist? Was trägt mehr zu einem glücklichen Leben bei, als das Klatschen zu einem aufmunterndem Vierviertaltakt?

Nun ja, so einfach ist es natürlich nicht. Das Wort »Glück« steht unter Stress. Und die vielen mahnenden Stimmen haben häufig recht: Da gibt es zunächst die, die mahnen, zwischen Freude, Glück und Zufriedenheit zu unterscheiden. Während Freude oft ein flüchtiges, intensives Gefühl ist, das aus speziellen Momenten oder Ereignissen entsteht, bezieht sich Glück auf einen allgemeineren Zustand des Wohlbefindens. Zufriedenheit hingegen ist ein tieferes, anhaltendes Gefühl von Erfüllung und Akzeptanz des Lebens, wie es ist.

Gehirnforscher warnen, dass das ständige Streben nach Glück nicht nur unrealistisch, sondern auch potenziell schädlich ist. Sie sagen, dass unser Gehirn nicht für einen permanenten Zustand des Glücks ausgelegt ist und dass das ständige Verlangen danach zu psychischem Stress und Unzufriedenheit führen kann.[59] Und viele Philosophen wie schon Aristoteles betonen, dass ein glückliches Leben mehr erfordert als das bloße Empfinden von Glück.[60] Sie schlagen vor, sich auf das Blühen und Gedeihen zu konzentrieren, ein Zustand, der das Akzeptieren und Integrieren von Scheitern, Enttäuschung, Trauer und anderen negativen Emotionen in ein erfülltes Leben einschließt.[61]

Wenn ich jedoch von einem »glücklichen Leben« spreche, beziehe ich mich auf den Begriff des Glücks, wie er von Paul Dolan, einem Verhaltenswissenschaftler an der London School of Economics, entwickelt wurde. Er argumentiert, dass ein glückliches Leben sowohl Erfahrungen der Lebensfreude als auch des Lebenssinns umfasst.[62]

- **Lebensfreude**, so schreibt er in seinem Buch »Happiness by Design«, auf Deutsch »Absichtlich glücklich«, entsteht durch Erfahrungen und Aktivitäten, die uns ein gutes Gefühl geben, wie z. B. ein leckeres Essen, ein herzliches Gespräch mit einem Freund oder Entspannung in einer friedlichen Umgebung. Solche Erfahrungen erzeugen positive Emotionen und Empfindungen. Lebensfreude wird normalerweise in der Gegenwart erlebt. Aber die Vorfreude auf zukünftige glückliche Momente (z. B. bevorstehende Ferien) kann zu einem langfristigen Glücksgefühl beitragen. Ebenso können Erinnerungen an schöne Erlebnisse (z. B. ein Konzert vor einigen Jahren) dauerhafte Lebensfreude bieten und unser Wohlbefinden positiv beeinflussen.[63]

- **Lebenssinn** hingegen zeichnet sich durch ein Gefühl des sinnvollen Engagements und Beitrags aus. Sinn verleiht unseren Handlungen und Erfahrungen Bedeutung und Tiefe, indem wir uns an Aktivitäten beteiligen, die zu etwas beitragen, das über uns selbst hinausgeht. Das können bescheidene Dinge sein – zum Beispiel die Teilnahme am Elternabend. Lebenssinn ist ebenso etwas, das wir hier und jetzt fühlen. Aber er reicht auch in die langfristige Zukunft, indem er uns ein Gefühl der Orientierung gibt und zu dem beiträgt, was uns wichtig ist. Dazu gehört, dass wir uns für Aktivitäten und Ziele engagieren, die uns das Gefühl geben, nützlich, kompetent oder wertvoll zu sein. Dazu könnte die Arbeit an einem anspruchsvollen Projekt gehören, das ehrenamtliche Engagement für eine Sache, die uns am Herzen liegt, die Erziehung von Kindern oder die Verfolgung persönlicher Ziele, die Anstrengung und Hingabe erfordern.

Ein glückliches Leben besteht nicht nur aus angenehmen Momenten, das sehe ich so wie Dolan. Es enthält auch nicht nur sinnvolle Momente. Ein glückliches Leben, das uns gleichermaßen angenehm und sinnvoll erscheint, können wir führen, wenn Lebensfreude und Lebenssinn im Gleichgewicht sind. Dieses Gleichgewicht stellt sicher, dass wir nicht nur die Freuden der Gegenwart genießen, sondern auch in Aktivitäten investieren, die eine tiefere Befriedigung versprechen und langfristig zu unserem Gefühl von Identität und Wert beitragen.

Ein »glückliches Leben« klingt in vielen Ratgebern oft ein wenig nach Kalifornien: nach fantastischen Reisen, Jetski, Yoga am Strand oder dem Nippen an hausgemachten Cocktails in Infinity-Pools. Doch Sie können das gleiche – oder sogar ein höheres – Maß an Glück erreichen, wenn Sie für sich selbst herausgefunden haben, dass Ihnen ein Spaghettieis, lange Spaziergänge am Kanal oder ein ruhiger Morgen mit einem guten Buch ein Gefühl der Zufriedenheit oder Entspannung vermitteln.

Dasselbe gilt für den Lebenssinn: Wir alle kennen die Überflieger, die uns raten, unseren Lebenssinn zu finden, unser Leitbild zu definieren und die Wochen, Monate und Jahre im Einklang mit diesem Leitbild zu planen. Doch das Gefühl, nützlich, kompetent oder wertvoll zu sein, lässt sich auch in kleineren Dingen und in »banaleren« Tätigkeiten finden: in der Planung des nächsten Familienurlaubs, dem Anlegen eines Kräutergartens oder der Suche mit dem Sohnemann nach den passenden Bausteinen für sein nächstes architektonisches Meisterwerk. Oder indem man den perfekten Sauerteiglaib backt oder eine Gemeinschaftssäuberungsaktion organisiert.

Denken Sie doch mal kurz nach:

- Wann waren Sie richtig glücklich in den letzten fünf Jahren? Wann im letzten Monat? Wann letzte Woche? Und wann heute oder gestern?
- Wann fühlten Sie sich richtig nützlich in den letzten fünf Jahren? Wann im letzten Monat? Wann letzte Woche? Und wann heute oder gestern?

Das 100-Jahre-Lebensglück

»100 Jahre Lebensglück« bedeutet, dass wir Entscheidungen treffen müssen, die nicht nur kurzfristig Freude bereiten, sondern auch langfristig zum Glück beitragen. Ein Beispiel dafür ist die Wahl eines Berufs, der zwar herausfordernd ist, aber auf lange Sicht persönliches Wachstum und Erfüllung fördert.

Wenn wir uns auf das 100-Jahre-Lebensglück konzentrieren, können wir die vielen Phasen unseres längeren, gesünderen Lebens besser bewältigen. Wir können Anpassungen vornehmen, die unser langfristiges Wohlbefinden fördern. So wird sichergestellt, dass unser Leben nicht nur in jüngeren Jahren angenehm und sinnvoll bleibt, sondern auch im Alter, wenn sich unsere Bedürfnisse und Wünsche ändern.

Ausgewogenheit im 100-Jahre-Lebensglück

Im Laufe eines langen Lebens müssen wir lernen, das richtige Gleichgewicht zwischen sofortiger und aufgeschobener Freude zu finden. *Unmittelbare Freude* ist leicht zu erkennen. Wir erleben sie, wenn wir schnell mal eine Fast-Food-Mahlzeit genießen. Sie befriedigt sofort unser Bedürfnis nach Nahrung im Moment. Auf lange Sicht allerdings ist sie möglicherweise ungesund.

Aufgeschobene Freude hingegen zeigt sich in langfristigen Entscheidungen und Investitionen. Dazu gehört das regelmäßige Sparen für den Ruhestand, das uns finanzielle Sicherheit in späteren Jahren bietet. Dazu gehört auch die Verfolgung langfristiger Bildungsziele. Diese erfordern Zeit und Engagement, können dafür aber später zu einer erfüllenden Karriere führen. Oder der Aufbau tiefer Beziehungen, der Geduld und Verständnis erfordert, aber zu dauerhaften Freundschaften und Partnerschaften führt.

Die Herausforderung liegt darin, einen ausgewogenen Weg zu finden. Einen Weg der weder ausschließlich sofortige noch ausschließlich aufgeschobene Freude priorisiert. Es geht um *ausgewogene Freude*. Ausgewogene Freude ermöglicht es uns, sowohl die kleinen Freuden des Alltags zu genießen als auch langfristige Ziele und Werte nicht aus den Augen zu verlieren.

Vielleicht gibt es weniger sofortige Freudensprünge. Und weniger Aussichten darauf, dass »eines Tages« alles gut wird. Stattdessen gibt es mehr bescheidene, aber ausgewogene Momente der Zufriedenheit, die über längere Zeiträume verteilt sind.

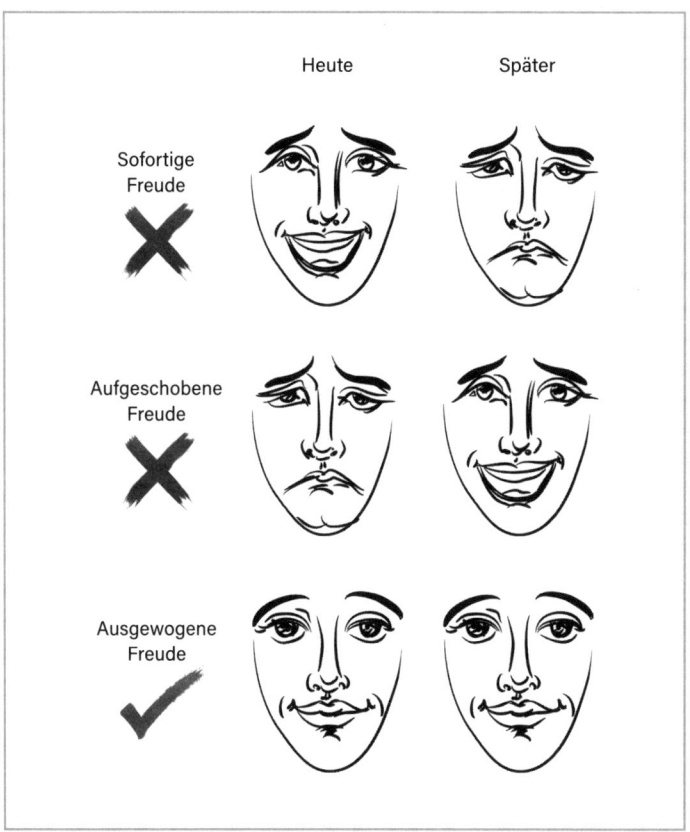

Das Konzept der ausgewogenen Freude lässt sich auch auf das Verständnis von Schmerz übertragen. Sofortiger Schmerz kann zwar kurzfristig belastend sein. Er kann aber langfristig oft zu persönlichem Wachstum und einer besseren Lebensqualität führen. Ein Beispiel hierfür ist eine Scheidung. Sie kann sofortigen emotionalen Schmerz und Unsicherheit mit sich bringen. Langfristig aber kann sie zu einem erfüllteren Leben führen. Das Unterdrücken von Konflikten in

Beziehungen kann zwar kurzfristig angenehmer erscheinen. Es führt vielleicht zu kurzfristigem Frieden. Es birgt aber auch das Risiko größerer Probleme zu einem späteren Zeitpunkt. Langfristig also kann aufgeschobener Schmerz zu tieferen emotionalen Verwerfungen und Problemen führen.

Die Konfrontation mit einem Burn-out erfordert möglicherweise eine berufliche Pause. Aber langfristig bietet sich hier die Chance, Lebensprioritäten neu zu bewerten und bis ins hohe Alter gesünder zu leben. Das Vermeiden regelmäßiger Gesundheitschecks bietet mehr Komfort im Hier und Jetzt. Es kann aber langfristig ernsthafte Gesundheitsrisiken bergen.

Das Ignorieren finanzieller Probleme vermeidet kurzfristig Stress. Es führt aber wahrscheinlich zu langfristigen finanziellen Schwierigkeiten. Die Kündigung eines unbefriedigenden Jobs könnte kurzfristige finanzielle Unsicherheit verursachen. Aber langfristig könnte es den Weg für eine befriedigendere Karriere ebnen.

Auch hier gilt das Konzept der ausgewogenen Freude. Es lehrt uns, sowohl die Herausforderungen des Moments anzunehmen als auch für die Zukunft zu planen. So schaffen wir ein Leben, das sowohl im Hier und Jetzt als auch in der langen Sicht erfüllend und sinnvoll ist.

Um diese Balance zu erreichen, lohnt es sich, die schon vorher angesprochenen Zeitperspektiven zu berücksichtigen: die chronologische, die zyklische und die thanatologische Sichtweise. Oder in anderen Worten: vorwärts, beständig und rückwärts.

- Die **chronologische Perspektive** betrachtet das Leben vom Jetzt in die Zukunft. Vorwärts. Sie hilft uns, Entscheidungen zu treffen, die sowohl unsere aktuellen Bedürfnisse als auch unsere langfristigen Ziele berücksichtigen.

  In dieser Perspektive stellen wir uns Fragen wie: »Welche Schritte kann ich heute unternehmen, um meine zukünftigen Ziele zu erreichen?«, »Wie wirken sich meine heutigen Entscheidungen auf meine langfristigen Pläne aus?« und »Welche Fähigkeiten und Ressourcen sollte ich jetzt entwickeln, um in der Zukunft erfolgreich zu sein?«.

- In der **zyklischen Perspektive** beachten wir, was uns schon immer Freude macht oder Schmerz bereitet hat. Beständig. Weihnachtsferien, Monatsabrechnungen, Schulfeste, Sommerferien, Hochzeiten, Treffen mit Freunden – die Ereignisse, die immer wieder passieren.

In dieser Perspektive stellen wir uns Fragen wie: »Wie erlebe ich dies?«, »Was macht mir daran Freude?«, »Was daran macht, dass ich mich dabei kompetent, nützlich oder wertvoll fühle?«, »Was mag ich daran nicht?«, »Was möchte ich das nächste Mal anders machen und warum?«, »Was bereitet mir daran Stress?«.

- Die **thanatologische Perspektive** blickt vom Ende des Lebens zurück aufs Hier und Jetzt. Rückwärts. Sie hilft uns zu erkennen, welche Entscheidungen wirklich wichtig sind und fördert die Wahl von Wegen, die zu einem erfüllten und sinnvollen Leben beitragen.

In dieser Sichtweise fragen wir uns: »Wird diese Entscheidung mir am Ende meines Lebens wichtig erscheinen?«, »Welche Erinnerungen möchte ich schaffen und hinterlassen?« und »Welche Werte und Prinzipien möchte ich in meinem Leben priorisieren, um am Ende mit mir selbst im Reinen zu sein?«.

Diese drei Perspektiven ermöglichen es uns, ein Leben zu gestalten, das sowohl im Hier und Jetzt als auch in der langfristigen Betrachtung erfüllend und sinnvoll ist. Sie unterstützen uns dabei, die richtige Balance zwischen sofortiger und aufgeschobener Freude zu finden. Und sie helfen, sowohl den sofortigen als auch den aufgeschobenen Schmerz in unserem Leben zu managen.

Glücksfallen umgehen

Hier entlarve ich für Sie zwei Fallen, in die wir im Alltag oft tappen und die uns dann davon abhalten, langfristig Glück zu finden.

Die Rechtfertigungsfalle

Vielleicht sind Sie in Ihrem Job unglücklich, weil Ihre Chefin eine überkritische Mikromanagerin ist. Aber Sie überzeugen sich immer wieder selbst davon, dass es ein guter Job ist, weil das Unternehmen an sich renommiert ist.

Oder vielleicht sind Sie in Ihrer Beziehung unglücklich, weil Ihr Partner Sie schlecht behandelt. Doch Sie sagen sich: »Ich liebe ihn nun mal« und rechtfertigen so, dass Sie mit ihm oder ihr dennoch zusammenbleiben. Die erlebte Unzufriedenheit ist die Erfahrung; die Rechtfertigung »Ich liebe ihn« ist die Bewertung.

Noch zwei Beispiele: Vielleicht fühlen Sie sich in großen Familientreffen unwohl, sagen sich aber, dass es wichtig ist, dabei zu sein, weil »Familie eben Familie« ist. Oder vielleicht haben Sie ein Hobby, das Sie frustriert, weil Sie keinen Fortschritt sehen. Sie reden sich jedoch ein, dass es Ihnen guttut, weil es so schön »kreativ« ist.

Sie merken: Es gibt einen Unterschied zwischen dem, was Sie *erleben* (die überkritische Chefin, der Partner, der Sie schlecht behandelt, die nervigen Familientreffen oder das frustrierende Hobby), und dem, wie Sie die Situation *bewerten*. Eine einfache Faustregel, um zu entlarven, ob es sich um eine Erfahrung oder eine Bewertung handelt, lautet: »Fühle ich es? Oder rechtfertige ich es?« Wenn Ihre unmittelbare emotionale Reaktion auf eine Situation negativ ist – wie Stress, Frustration oder Unzufriedenheit –, dann ist das Ihre tatsächliche Erfahrung. Wenn Sie sich jedoch dabei ertappen, Gründe zu finden, warum die Situation »gut« oder »richtig« ist, obwohl sie sich nicht so anfühlt, handelt es sich um eine Bewertung. Diese Regel hilft, das tatsächliche Empfinden von nachträglichen Rechtfertigungen zu unterscheiden.

Die Verfügbarkeitsfalle

Wenn wir darüber nachdenken, was uns Freude bereitet und Lebenssinn gibt, neigen wir dazu, uns auf das zu konzentrieren, was uns als Erstes in den Sinn kommt. Nach einer schönen Gartenparty denken wir vielleicht, dass Zeit mit der Familie das Wichtigste ist. Nach einem tollen Konzert denken wir, dass Musik unverzichtbar ist. Oder nach einem erfolgreichen Projekt bei der Arbeit könnten wir denken, dass wir ewig arbeiten wollen.

Das Problem: Bei der Fokussierung auf die individuellen Dinge, die uns Lebensfreude und -sinn geben, übersehen wir oft das, was allgemein bekannt zu langfristigem Glück und Wohlbefinden beiträgt. Wir konzentrieren uns zu stark auf das, was uns gerade verfügbar ist. Wir vergessen dann, was in der Wissenschaft erwiesenermaßen zu Lebensglück beiträgt.

Die Master-Liste von Dingen, die uns glücklich machen

Betrachten wir eine Master-Liste an Dingen, die laut Psychologie, Neurowissenschaft und Verhaltenswissenschaft als extrem wichtige Bestandteile von langfristigem Wohlbefinden bekannt sind:

- Starke, positive Beziehungen zu Familie, Freunden und Gemeinschaft sind in der Regel entscheidend. Soziale Unterstützung und das Gefühl, mit anderen verbunden zu sein, wird in diversen Studien mit höherem Glücksniveau verknüpft.
- Regelmäßige körperliche Aktivität, eine gesunde Ernährung und ausreichend Schlaf sind grundlegend für gute mentale Gesundheit und Glück. Sport ist bekannt dafür, Symptome von Depressionen und Angstzuständen zu reduzieren.
- Stressmanagement, Resilienz und Hilfe bei psychischen Problemen sind wichtig. Praktiken wie Achtsamkeit und Dankbarkeit können das emotionale Wohlbefinden verbessern.
- Das Verfolgen von Zielen, besonders solchen, die herausfordernd, aber erreichbar sind, und die Entwicklung von Kompetenzen in verschiedenen Lebensbereichen, können ein Gefühl von Erfüllung und Zufriedenheit schaffen.
- In den reichsten Ländern gibt es starke positive Korrelationen zwischen Grünflächen und Glück Das deutet darauf hin, dass Grünflächen eine wichtige Rolle bei der Steigerung des Glücks und der Verringerung der Einsamkeit spielen.[64]
- Kontrolle über das eigene Leben zu haben und Entscheidungen zu treffen, die mit persönlichen Werten und Interessen übereinstimmen, ist wichtig für Glück. Dies umfasst das Gefühl, dass die eigenen Handlungen selbstbestimmt und freiwillig sind.[65]
- Das Erleben positiver Emotionen wie Freude, Staunen, Zufriedenheit und Liebe trägt zum Glück bei. Dies kann durch Aktivitäten gefördert werden, die Vergnügen und Zufriedenheit bringen.
- Eine positive Einstellung und die Fähigkeit, in Herausforderungen Chancen zu sehen, sind mit höheren Glücksniveaus verknüpft. Dies bedeutet nicht, Probleme zu ignorieren, sondern das Leben mit einer hoffnungsvollen und konstruktiven Haltung anzugehen.

Wir brauchen Introspektion – den Blick nach innen, um das, was wir erleben und wie wir uns verhalten, zu erkennen und zu bewerten. Sie ist unerlässlich.

Doch Introspektion allein ist nicht ausreichend. Unser System 1 kann uns nämlich manchmal in die Irre führen, etwa durch die Verfügbarkeitsheuristik. Wir neigen dazu, uns auf das zu konzentrieren, was uns sofort einfällt, und übersehen dabei oft, was langfristig zu unserem Glück beiträgt. Deshalb ist es wichtig, auch wissenschaftlich fundierte Erkenntnisse in unsere Überlegungen einzubeziehen.

Eine Studie, die wir am Centre for Behavioural Research durchgeführt haben, ergab, dass etwa die Hälfte der Menschen einen Finanzplan hat, der oft Aspekte wie Altersvorsorge und den Aufbau von Rücklagen umfasst. Viele berücksichtigen auch, was ihnen Lebensfreude und -sinn gibt. Interessanterweise zeigte sich jedoch, dass, wenn diese Personen mit der oben präsentierten Master-Liste konfrontiert wurden, 75 % angaben, Elemente aus dieser umfassenden Liste ebenso in ihren Finanzplan integrieren zu können. Dinge, die bisher zu wenig berücksichtigt wurden.

Diese Erkenntnisse legen nahe, dass eine Kombination aus persönlicher Introspektion und wissenschaftlich fundiertem Wissen zu effektiveren und zufriedenstellenderen Entscheidungen führen kann, sowohl im finanziellen Bereich als auch im allgemeinen Leben. Indem wir unsere persönlichen Bedürfnisse und Wünsche mit dem abgleichen, was objektiv zu langfristigem Glück und Wohlbefinden beiträgt, können wir ein ausgewogeneres und erfüllteres Leben gestalten.

Glück beim Geldausgeben und -verdienen

Im 100-Jahre-Leben streben wir nach balancierter Befriedigung, nicht nur nach dem glücklichen Leben im Hier und Jetzt. Und nicht nur nach dem glücklichen Leben in der Zukunft. Wir streben nach dem glücklichen Leben heute und in der Zukunft. Oder andersrum ausgedrückt: in der Zukunft und heute.

Wie lässt sich das darauf übertragen, wie wir Geld ausgeben sollten?

Häufig werden wir dazu verleitet, tolle Angebote wahrzunehmen. Die Black-Friday-Saison ist so eine Phase im Jahr, in der unsere Instinkte und Emotionen dazu verleitet werden, schnell viel zu kaufen.

Rhetorische Frage: Wer weiß, ob es sich wirklich um ein gutes Angebot handelt? Der Anbieter? Oder Sie?

Die richtige Antwortet lautet natürlich: Wir allein wissen es.

Die längere Antwort lautet: Wir allein wissen es. Aber nur dann, wenn wir ein Verständnis davon haben, was uns Lebensfreude bereitet und Lebenssinn gibt.

20 % Rabatt auf eine Sony Playstation können dann ein gutes Angebot sein, wenn Gaming für uns eine Quelle der Freude ist oder es uns ermöglicht, wertvolle Zeit mit der Familie zu verbringen. Hier wird der Kauf zu einer Investition in Lebensfreude und Lebenssinn.

30 % Rabatt auf ein Designerparfüm mag attraktiv erscheinen. Doch es ist nur ein gutes Angebot, wenn das Parfüm wirklich zu unserer Persönlichkeit passt. Oder uns ein Gefühl der Zufriedenheit schenkt, das über den Moment des Kaufens hinausgeht.

Bei einer Smartwatch mit 50 % Rabatt hängt es davon ab, ob diese Technologie unseren Alltag tatsächlich erleichtert. Vielleicht fördert sie sogar unsere Gesundheit, indem sie uns zu mehr Bewegung motiviert. Der Punkt ist: Es kommt drauf an!

Der wahre Wert eines Angebots zeigt sich nicht nur bei saisonalen Schnäppchen, sondern bei allen Ausgaben. Eine teure Innenstadtwohnung lohnt sich, wenn die Lebensqualität und die kurzen Wege uns täglich Zeit und Lebensfreude schenken. Ein größeres Auto macht Sinn, wenn es die Lebensumstände erfordern und Nutzen stiftet. Doch oft genügen das Fahrrad oder öffentliche Verkehrsmittel. Ein Urlaub in Vietnam ist eine wunderbare Erfahrung, solange er unserem Leben Bedeutung hinzufügt und nicht nur dem Status dient. Ein Urlaub im Harz könnte ebenso bereichernd sein, wenn er unseren Bedürfnissen nach Erholung und Naturerlebnis entspricht.

Haben Sie von der Millionärsformel gehört? Sie predigt den Aufschub der heutigen Freuden zugunsten eines zukünftigen Reichtums. Zum Beispiel: Ein täglicher Cappuccino ist in der Millionärsformel verschwendetes Geld. Wenn wir das Geld sparen würden, dann könnten wir über zehn Jahre so und so viel zur Seite legen. Und durch den Zinseszinseffekt würde es zu einer beeindruckenden Summe wachsen. Jaja ... Das ist sicherlich mathematisch richtig. Aber vielleicht ist das in den Cappuccino investierte gar kein verschwendetes Geld. Aber vielleicht kann der Kaffee auch ein kleines Ritual der Selbstfürsorge sein, das den Tag verschönert.

Wie gesagt: Es kommt drauf an.

Selbstwissen ist der Schlüssel zum richtigen »Ausgabeverhalten«: Es hilft uns, Ausgaben zu wählen, die unsere gegenwärtige Lebensqualität steigern, ohne die Zukunft zu kompromittieren. Es lehrt uns, in Erlebnisse und Objekte zu investieren, die unseren Lebenssinn bereichern. Es befähigt uns, über den Moment hinaus zu denken und in Dinge zu investieren, die langanhaltende Zufriedenheit bringen.

Geld *ausgeben* ist die eine Seite der Medaille. Geld *verdienen* ist die andere Seite derselben Medaille.

Für ein erfolgreiches 100-jähriges Leben lohnt es sich, sich mit einer Vielzahl von Berufen und Branchen zu beschäftigen – zum Beispiel über alte Schul- oder Universitätsbekanntschaften oder ehemalige Kollegen, die eine andere Richtung eingeschlagen haben. Der Kontakt mit anderen Möglichkeiten, ein Gehalt zu verdienen, kann uns helfen zu verstehen, welche Art von Arbeit uns gefällt. Vielleicht möchten Sie eine Sammlung von Berufen anlegen, die auch für Sie interessant sein könnten. In diese Sammlung können Sie Berufe aufnehmen, auf die Sie in Ihrem Netzwerk gestoßen sind, über die Sie in Artikeln, Biografien und Stellenbeschreibungen gelesen haben, und sie so immer auf dem neuesten Stand halten.

Überlegen Sie bei dieser Erkundung, welche Aspekte eines Berufs besonders reizvoll sind. Das kann die Art der täglichen Aufgaben sein, die Werte des Berufs oder die Art der Herausforderungen, die für diesen Beruf typisch sind. Es kann von Vorteil sein, mit Leuten zu sprechen, die bereits in den Berufen tätig sind, die Sie interessieren. LinkedIn ist dafür hervorragend geeignet (finde ich jedenfalls). Aber es gibt natürlich auch Alternativen. So oder so bieten solche Gespräche Einblicke in den Berufsalltag anderer und können zeigen, ob die Realität des Berufs mit Ihren Erwartungen übereinstimmt. Vielleicht können Sie es sich leisten (zum Beispiel mit Mitteln aus dem Übergangsfonds), durch Praktika, Freiwilligenarbeit oder Projekte praktische Erfahrungen in verschiedenen Berufsfeldern zu sammeln. Traditionell sind Praktika etwas, das in der ersten Lebensphase (der Ausbildungsphase) stattfindet. In einem Leben von 100 Jahren muss das nicht mehr der Fall sein (Arbeitgeber passen sich zunehmend an). Warum sollte man nicht mit 50 ein Praktikum bei einem Radiosender machen, wenn es scheint, dass eine Radiokarriere der nächste Schritt ist?

Wenn Sie jeden Freitagabend ein heißes Bad brauchen, um sich von der Arbeit zu erholen, oder wenn Sie den nächsten Sommerurlaub kaum erwarten können, obwohl es noch nicht einmal März ist, dann deutet das auf ein Arbeitsleben hin, das nicht angenehm und sinnvoll ist. Ihr Job sollte nicht jede Woche so viel Stress und Unzufriedenheit verursachen. Ein passender Job nutzt Ihre Fähigkeiten, Talente und Interessen. Er macht das Leben sinnvoll und angenehm.

Erwartungen erkennen und hinterfragen

Bei all dem ist es aber auch wichtig, die Rolle der Erwartungen zu berücksichtigen. Auf der Suche nach Lebensfreude und Lebenssinn in unserer Arbeit ist die Suche nach einer Karriere, die nicht nur bezahlt wird, sondern auch Erfüllung bietet, zweifellos schwierig. Historisch gesehen ist es eine neue Erwartung. Vor 150 Jahren hätte sich niemand darum bemüht, einen Job zu finden, der glücklich macht. Das wäre ein lächerliches Ziel gewesen. Aber wir müssen auch erkennen, dass perfekte Zufriedenheit in jedem Lebensbereich – sei es Arbeit, Familie oder Beziehungen – eher ein Ideal als eine ständige Realität ist. Diese Einsicht schmälert nicht unser Streben. Aber sie bereichert es mit einer Schicht Pragmatismus.

»Der Verlauf eines glücklichen Lebens wird durch Erwartungen geprägt«, sagt der Experte für Verhaltensökonomie Brian Portnoy.[66] Will heißen: Der Kern unserer Zufriedenheit hängt nicht nur vom Erleben von Freude und Sinn ab, sondern auch von den Erwartungen, die wir hegen. Es ist lobenswert, eine Arbeit anzustreben, die uns glücklich macht. Aber es ist ebenso wichtig, zu erkennen, dass keine Rolle ohne Schwierigkeiten und Probleme ist. Die Arbeitswelt ist, wie das Leben selbst, voll von Unvollkommenheiten und unvorhersehbaren Herausforderungen. Es ist diese Akzeptanz, die unsere Ambitionen mit Realismus mildert und verhindert, dass wir angesichts der unvermeidlichen Diskrepanz zwischen unseren Hoffnungen und der Realität in Desillusionierung verfallen.

Erinnern Sie sich an Donald Winnicotts zwei Aspekte des Selbst? (Wir sprachen darüber im Zusammenhang mit den Geschichten von Anna und Simona, meinen Freundinnen.) Das wahre Selbst ist das, was unsere tiefsten Wünsche widerspiegelt. Es strebt nach Arbeit, die uns wirklich erfüllt und unseren Werten entspricht. Das falsche Selbst hingegen jagt einem Erfolg hinterher, der von anderen definiert wird. Dies kann unser echtes Glück beeinträchtigen. Wenn wir diese beiden Seiten verstehen, können wir besser entscheiden, was wir wirklich wollen. Wir lernen, realistische Ziele zu setzen und uns nicht von unerreichbaren Idealen leiten zu lassen. So finden wir einen Weg, der zu unserem wahren Selbst passt und echte Zufriedenheit bringt.

Wenn wir uns also bemühen, Freude und Sinn in das Gefüge unserer Karrieren zu weben, ist die Weisheit, unsere Erwartungen im Zaum zu halten, sehr hilfreich. Es ist ein Balanceakt, hoch genug zu zielen, um motiviert zu bleiben. Zugleich jedoch geerdet genug zu sein, um die Leben innewohnenden Unvollkommenheiten zu akzeptieren. Wenn wir uns diesen Ansatz zu eigen machen, sind wir nicht nur in der Lage, das Glück in unserer Arbeit zu suchen. Wir können auch eine tiefe und dauerhafte Zufriedenheit in unserem 100-jährigen Leben kultivieren.

Reflektiert bleiben in einer Welt voller Ablenkungen

Sie kennen natürlich Facebook. Und Sie wissen vielleicht, dass Facebook als ein soziales Netzwerk für Studenten der Harvard University startete. Ursprünglich hatte das Netzwerk allein das Ziel, Menschen miteinander zu verbinden. Mark Zuckerberg startete die Website im Jahr 2004 in seinem Studentenzimmer. Die Plattform verbreitete sich schnell von Harvard auf andere Universitäten. Sie wurde schließlich für jeden zugänglich. Von einer einfachen Idee, ein soziales Netzwerk für Studenten zu schaffen, wuchs Facebook zu einem globalen Unternehmen heran. Heute hat es Milliarden von Nutzern und ist dementsprechend weit von seinen bescheidenen Anfängen entfernt.

Facebook wurde schnell scharf darauf, mehr Nutzer zu bekommen. Nicht nur das. Facebook wollte Nutzer, die viel Zeit auf der Plattform verbringen. Schließlich ist deren Aufmerksamkeit genau das, was Facebook (und andere soziale Medien) an seine Anzeigenkunden verkauft. Wussten Sie das?

Um die Nutzer-Aufmerksamkeit zu bekommen, wurde viel experimentiert. Und mit den Ergebnissen aus solchen Studien wurden einige der anfangs bescheideneren Visionen aufgegeben.

Das Benachrichtigungssymbol – oben in der blauen Leiste – ist ein gutes Beispiel. Anfangs noch präferierten die Designer bei Facebook ein blaues Symbol. Das passte gut zum Stil von Facebook und wurde als »subtil und harmlos« angesehen. Es gab nur ein Problem: Nachrichten, die Nutzer innerhalb der Plattform gehalten hätten, wurden ignoriert. Facebook-Designer überlegten hin und her. Sie experimentierten. Testeten Annahmen. Dann, eines Tages, fanden sie eine Lösung: Die Umstellung des Benachrichtigungssymbols von Blau auf Rot. Und plötzlich – *boom* – stieg die Nutzung dramatisch an.[67] Heute sieht man das rote Benachrichtigungssymbol überall. Verpasster Anruf? Der rote Punkt im App-Icon macht darauf aufmerksam. Neue Nachricht in WhatsApp? Der rote Punkt zwingt sie uns auf. Ein Update von einer Kollegin auf LinkedIn? Schwer zu verpassen mit dem roten Punkt oben in der Leiste. Und so weiter ...

Warum überall dieser rote Punkt? Ganz einfach: Die Designwahl basiert auf psychologischen Prinzipien. Rot ist eine Farbe, die natürlicherweise die menschliche Aufmerksamkeit auf sich zieht. Die Farbe Rot wird oft mit Alarm und Dringlichkeit verbunden. Daher wird Rot häufig auch für Stoppschilder, Notfahrzeuge und Warnleuchten verwendet. Im Kontext von Facebook und anderen Plattformen nutzt das rote Benachrichtigungssymbol diese uns angeborenen Reaktionen auf Rot, um die Aufmerksamkeit der Benutzer zu erhalten. Ziel ist es, die Benachrichtigungen auffälliger zu machen und dadurch die Benutzerinteraktion mit der Plattform zu steigern.

All dies ist Teil eines breiteren Forschungsfeldes, das als »Farbpsychologie« bekannt ist. Hier wird erforscht, wie verschiedene Farben menschliches Verhalten und Entscheidungsfindung beeinflussen. Der Punkt ist folgender: Große Firmen wie Facebook wissen etwas über Sie – darüber, wie Sie funktionieren und wie Ihr Verhalten beeinflusst werden kann –, was Sie wahrscheinlich nicht wissen. Indem sie Sie in Dinge wie diese einbinden, hindern sie Sie daran, andere wichtige Dinge zu tun. Dinge wie Selbstreflexion oder sich treiben zu lassen. Oder Gedanken zuzulassen, die ebenfalls vorhanden sind, aber aufgrund permanenter Ablenkung nicht zum Vorschein kommen.

»Brauche ich das wirklich?«

Das Wissen darüber, wie Instinkte, Emotionen und Gewohnheitsbildung funktionieren, ist nicht nur bei großen Technologieunternehmen wie Facebook weit verbreitet, sondern auch bei vielen Einzelhändlern und Online-Shops. Es ist äußerst wichtig zu verstehen, dass wir in einer Umgebung leben, die das richtige finanzielle Verhalten häufig verhindert.

Wir alle wissen, dass es wichtig ist, zu viele Schulden zu vermeiden. Aber oft werden wir verführt, am Ende des Monats mit der Kreditkarte zu zahlen, wenn wir etwas knapp bei Kasse sind und dieser Rock perfekt für eine Party wäre. Wir wissen, dass es wichtig ist, Rücklagen aufzubauen. Aber oft geben wir unser Geld für Abonnements aus, die wir schon lange nicht mehr hinterfragt haben.[68] Spotify, Netflix, das Fitnessstudio, Zeitschriften, Essensboxen, Designerkaffee – brauchen Sie all das wirklich? Das müssen Sie wissen. Vielleicht sind das aber einfach auch nur regelmäßige Ausgaben, die Sie vergessen haben?

Ein weiteres Beispiel in diesem Zusammenhang sind Angebote wie Amazon Prime, deren kostenlose Lieferung die Impulskäufe deutlich erhöht hat.[69] Kaufen ohne groß nachzudenken wird von vielen Websites durch manipulative Praktiken noch getriggert: EU-Forscher fanden kürzlich heraus, dass 97 % der Webseiten auf solche Methoden zurückgreifen, von gefälschten Countdown-Timern (»Letzte Chance, zeitlich limitierte Aktionspreise«) bis hin zu Pressure-Sales-Techniken (»Noch 30 Euro bis zur kostenlosen Lieferung ab 100 Euro«).[70]

Diese Praktiken sind nicht nur allgegenwärtig, sie entwickeln sich auch schnell weiter und werden immer ausgefeilter. Viele Menschen suchen verzweifelt nach Angeboten und guten Preisen und werden ausgenutzt.

Immer mehr Sorgen bereitet vielen zum Beispiel das so genannte Hypernudging. Das ist ein vorausschauendes und dynamisches System von Beeinflussungsstrategien. Es nutzt ausgefeilte Methoden, um Benutzerverhalten subtil zu lenken.

Manipulative Verkaufspraktiken erkennen und darauf reagieren

- Zeitlich begrenzte Angebote erzeugen ein Gefühl der Dringlichkeit und können zu überstürzten Entscheidungen führen. Wenn Sie das nächste Mal auf ein zeitlich begrenztes Angebot stoßen, machen Sie sich bewusst, dass diese Dringlichkeit oft künstlich erzeugt wird. Sie sollen zum schnellen Kauf beweget werden.
- »Soziale Beweise« wie Bewertungen anderer Kunden beeinflussen unsere Kaufentscheidungen stark. Begegnen Sie solchen Bewertungen mit Skepsis. Fragen Sie sich, ob sie Ihre Entscheidung tatsächlich positiv beeinflussen sollten oder ob sie nur ein Verkaufsargument sind.
- Wenn ein ursprünglich höherer Preis gezeigt wird, erscheint ein reduzierter Preis attraktiver. Erinnern Sie sich, dass der ursprüngliche Preis möglicherweise überhöht war, um den reduzierten Preis besser erscheinen zu lassen.
- Kostenlose Angebote oder Boni erwecken den Eindruck eines besseren Deals. Überlegen Sie, ob der Hauptkauf ohne das kostenlose Angebot immer noch attraktiv wäre.
- Die Platzierung von Produkten kann unser Kaufverhalten beeinflussen (z. B. teurere Produkte in Augenhöhe). Seien Sie sich der Platzierung von Produkten bewusst. Und fragen Sie sich, ob Ihr Interesse an einem Produkt durch seine Positionierung beeinflusst wird.
- »Nur noch wenige auf Lager«-Meldungen erzeugen ein Gefühl von Knappheit und fördern den Kauf. Fragen Sie sich, ob die Ware wirklich knapp ist oder ob es sich um eine Verkaufsstrategie handelt.
- Die einfache und schnelle Bezahlung kann zu weniger überlegten Käufen führen. Nehmen Sie sich Zeit, um über Ihren Kauf nachzudenken. Lassen Sie sich nicht von der Bequemlichkeit der schnellen Bezahlung verleiten.
- »Kunden, die dies gekauft haben, kauften auch ...« suggeriert, dass man etwas verpasst, wenn man nicht folgt. Machen Sie sich klar, dass dies eine Verkaufstaktik ist und nicht unbedingt Ihren Bedürfnissen entspricht.

- Bundle-Angebote suggerieren ein besseres Preis-Leistungs-Verhältnis. Überlegen Sie, ob Sie alle Bestandteile des Pakets wirklich benötigen oder ob es sich um unnötige Zusätze handelt.

Durch fortschrittliche Metriken und einfachere Tracking-Methoden können Organisationen nun individuelle Daten in Echtzeit erfassen und analysieren. Dies ermöglicht es ihnen, Nutzererfahrungen so zu personalisieren, dass spezifische Verhaltensänderungen gefördert werden. Die Verwendung von A/B-Tests[71] verstärkt die Fähigkeit der Organisationen, unterschiedliche Strategien auszuprobieren und die effektivsten Methoden zur Beeinflussung des Nutzerverhaltens zu identifizieren.

Was können wir tun? Wir können nicht darauf warten, dass Regulierungsbehörden wie die EU Gesetze erlassen. Bis Gesetze implementiert werden, hat sich die Industrie bereits weiterentwickelt. Und noch komplizierter: Viele dieser Praktiken bewegen sich in einer Grauzone zwischen legitimen Überzeugungsversuchen und illegitimer Manipulation.

Was wir brauchen ist Folgendes: Selbstwissen darüber, wie diese Dinge auf uns wirken.

Generell gilt: Um den Einfluss von all diesen Dingen auf unser Verhalten besser zu verstehen und zu kontrollieren, ist es hilfreich, das Zusammenspiel von Auslösern, Reaktionen und Reflexionen zu betrachten. Ein Auslöser (wie der rote Punkt in Facebook) erregt unsere Aufmerksamkeit. Er ist speziell darauf ausgelegt, eine sofortige und oft emotionale Reaktion hervorzurufen. Eine Reaktion, die uns zu einem bestimmten Verhalten oder einer Kaufentscheidung bewegen soll.

Die unmittelbare Reaktion auf einen Auslöser ist oft intuitiv und emotional. Sie reicht von Begeisterung oder einem Gefühl der Dringlichkeit bis hin zu dem Wunsch, ein Produkt zu kaufen oder eine Dienstleistung in Anspruch zu nehmen. Diese Reaktionen sind meist schnell und automatisch, ohne dass wir uns der zugrundeliegenden Auslöser bewusst sind oder die Langzeitfolgen unserer Handlungen bedenken.

Und genau hier liegt die Bedeutung der Reflexion. Durch Reflexion können wir uns effektiver vor manipulativen Verkaufstechniken schützen und Entscheidungen treffen, die wirklich in unserem besten Interesse sind. Bedenken Sie: Nicht die Anbieter sollten bestimmen, ob es sich bei einem Angebot um ein gutes handelt. Sie sollten es wissen! Aber Anbieter möchten nicht, dass Sie zu sehr darüber nachdenken. Stattdessen wollen sie, dass Sie instinktiv kaufen.

»Muss ich das wirklich wissen?«

Wir wissen es natürlich eigentlich: Häufig konzentrieren sich Nachrichten auf negative Ereignisse und vernachlässigen positive Entwicklungen. Doch wenn ein großer politischer Konflikt in einem anderen Land ausbricht, dann lesen wir entsetzt weiter. Wenn es einen großen Skandal in der heimischen Politik gibt, dann sind wir sofort alarmiert und verfolgen jede neue Entwicklung. Und wenn ein großer Börsencrash passiert, dann reagieren wir mit Sorge über unsere finanzielle Zukunft.

Die Nachrichten präsentieren Geschichten auf eine Art und Weise, die eine bestimmte Reaktion fördert: Empörung, Mitleid, Abscheu. Diese Reaktionen sind vielleicht auf den ersten Blick angemessen, doch oft werden wir subtil dazu gedrängt, unsere eigenen Gefühle und Gedanken zu diesen Ereignissen zu vergessen oder zu ignorieren.

Nehmen wir zum Beispiel die Berichterstattung über Naturkatastrophen. Die Medien konzentrieren sich oft auf das Ausmaß der Zerstörung und das Leid der Betroffenen. Diese Schwerpunktsetzung ist verständlich. Aber sie kann dazu führen, dass wir die Widerstandsfähigkeit und den Mut der Menschen in diesen Situationen übersehen. In unserem Inneren empfinden wir vielleicht Bewunderung und Hoffnung angesichts ihrer Stärke und ihres Zusammenhalts. Aber diese Gefühle werden in den Nachrichten selten thematisiert.

Ein weiteres Beispiel ist die Darstellung politischer Führer. Medien können uns dazu bringen, bestimmte Personen zu verabscheuen oder zu bewundern, basierend auf einer einseitigen Darstellung ihrer Handlungen und Aussagen. In Wirklichkeit haben wir vielleicht eine komplexere oder sogar gegenteilige Sichtweise auf diese Personen, basierend auf unseren eigenen Werten und Überzeugungen.

Die Art und Weise, wie Nachrichten Ereignisse darstellen, schränkt also oft unsere Fähigkeit ein, eine eigene Meinung zu bilden und unsere eigenen Gefühle zu diesen Ereignissen zu erkennen und auszudrücken. Wir werden dazu gebracht, bestimmte Dinge auf eine bestimmte Art und Weise zu sehen und zu fühlen. Alternative Sichtweisen oder Emotionen werden hierbei vernachlässigt. Finanznachrichten prägen, wie wir über Geld denken und handeln. Berichte, dass amerikanische Aktien in den letzten sechs Monaten Rekorde gebrochen haben, verleiten uns vielleicht dazu, voreilig zu investieren. Gleichzeitig sorgen Warnungen von Experten über die Schwäche von Staatsanleihen dafür, dass wir uns um unsere sicheren Investitionen sorgen. Und wenn Influencer von einem neuen Run auf bei Bitcoin reden, fühlen wir uns vielleicht verlockt, auch in Kryptowährungen zu investieren.

Nachrichten können starke Emotionen auslösen, die unsere langfristigen Finanzpläne beeinflussen. Wenn wir denken, dass alles nur Spekulation ist, meiden wir vielleicht sinnvolle langfristige Investitionen. Nachrichten über schnelle Gewinne können uns zu riskanten Entscheidungen verleiten. Oder wenn wir fest davon überzeugt sind, dass traditionelle Anlagen am sichersten sind, können negative Berichte Panik auslösen.

Eine der besten Anlagestrategien ist das »Buy and Hold«-Prinzip, bei dem man einen bestimmten Betrag von dem, was man verdient, einbehält und in seinen kosteneffizienten langfristigen Sparplan investiert, ohne zu sehr auf die kurzfristige Wertentwicklung zu achten, um nicht in Versuchung zu geraten, zu verkaufen oder zugunsten einer anderen Anlagestrategie umzuschichten. Ronald Read, ein Hausmeister, sparte so bis zu seinem Tod im Jahr 2014 ein Vermögen von unglaublichen 8 Millionen Dollar an. Er erbte kein Vermögen. Er gewann auch nicht im Lotto. Sein Erfolgsgeheimnis war recht einfach: Er sparte konsequent und nutzte den Zinseszinseffekt.[72] Diese Geschichte zeigt, dass es beim Thema Geld oft eher darauf ankommt, das Tagesgeschehen zu ignorieren und einer einfachen Entscheidung treu zu bleiben.

Der Punkt ist: Wir brauchen Selbstwissen. Wir müssen erkennen, welche Wirkung die Nachrichten auf uns haben und wie fatal diese Wirkung für unser Financial Wellbeing sein kann. Nachrichten können uns davon abhalten, auf unsere eigenen Emotionen, Instinkte, Motivationen, Glaubenssätze und Werte zu achten. Sie lenken unsere Aufmerksamkeit oft auf kurzfristige Ereignisse und Trends, wodurch wir das langfristige Bild aus den Augen verlieren. Für Financial Wellbeing müssen wir lernen, die Nachrichten zu hinterfragen. Und uns auf unsere eigenen langfristigen Ziele und Werte zu konzentrieren.

Fragen Sie sich beim Lesen der Schlagzeilen: Warum muss ich das wissen? Wie, wenn überhaupt, berührt das meine Pläne?

»Muss das Handy wirklich immer mit?«

Nun spreche ich etwas an, das Ihnen wirklich am Herzen liegt: Ihr Telefon. Wie viel Zeit verbringen Sie mit Handy? Wie viele Sekunden vergehen, bevor Sie Ihr Telefon hervorholen, um der Langeweile zu entgehen? Zum Beispiel, wenn Sie auf eine Bahn warten. Oder an der Kasse stehen. Oder darauf warten, dass das Wasser endlich kocht. In der Regel dauert es nicht lang – vielleicht zehn Sekunden: Dann werden die Nachrichten gecheckt, der WhatsApp Status geprüft, Social Media durchgescrollt und E-Mails kurz überflogen.

Es gibt zunehmend Belege dafür, dass unser Gehirn eine Pause von der ständigen Informationsverarbeitung braucht, damit wir uns konzentrieren und kreativ sein können. Forscher haben entdeckt, dass allein die Anwesenheit eines Smartphones die Gehirnleistung reduzieren kann. In einer Studie von 2023 wurde die Konzentrationsfähigkeit von 800 Smartphone-Nutzern gemessen, während ihre Telefone in Sichtweite, umgedreht auf einem Schreibtisch, in ihrer Tasche oder in einem anderen Raum lagen. Das Ergebnis? Obwohl die Telefone stumm geschaltet waren, war die kognitive Kapazität der Teilnehmer signifikant reduziert, wenn ihr Telefon in Sichtweite oder leicht erreichbar war. Teile ihres Gehirns waren aktiv zu sehr damit beschäftigt, nicht auf ihre Telefone zu schauen.[73] Das bedeutet, dass Ihr Smartphone Ihre Fähigkeit beeinträchtigen könnte, sich auszuruhen und zu regenerieren. Selbst wenn es nur in Ihrer Tasche steckt oder auf dem Tisch neben Ihnen liegt, während Sie dieses Buch lesen.

Die Probleme, die wir zuvor angesprochen haben – die Benachrichtigungssymbole, die Techniken, die zum Kauf anregen, die Ablenkungen durch die Nachrichten – werden alle durch das Telefon verstärkt. Wir sind immerzu »hooked« – in den Worten von Nir Eyal, Autor des gleichnamigen Bestsellers mit dem Untertitel »Wie Sie Produkte erschaffen, die süchtig machen«. Auf dem Buchrücken heißt es: »Dieses Buch ist ein Muss für jeden, der ein Produkt erschaffen will, welches seine Benutzer in kürzester Zeit so abhängig macht, dass sie sich ein Leben ohne gar nicht mehr vorstellen können«.[74] Auf einer Konferenz im Jahr 2017 beschreibt Eyal, wie er selbst sich schützt gegen die Techniken, die er selbst bewirbt. Er hat in seinem Haus einen Zeitschalter installiert, der immer zur selben Zeit das Internet abschaltet.

Ist dies die Lösung? Das Telefon regelmäßig wegsperren oder ganz auslassen? Vielleicht. Selbst im Silicon Valley gibt es immer mehr Privatschulen, die Kindern Telefone und Tablets verbieten.[75] Tanya Goodin, Expertin für digitalen Entzug und Autorin des Buches »My brain has too many tabs open«, untersucht die Auswirkungen dieser ständigen Informationsflut. Sie sagt, dass einer der wenigen verbliebenen heiligen Orte, an dem die meisten Menschen ihr Telefon nicht mitnehmen, die Dusche ist. Vielleicht haben auch Sie deshalb vielleicht plötzliche Momente der Klarheit oder gute Ideen, während Sie Ihre Haare waschen.

Ich selbst versuche, die Nutzung meines Telefons zu reduzieren, wo ich kann. Früher habe ich noch Podcasts gehört auf dem Fahrradweg zur Arbeit. Heute nicht mehr. Es ist eine ungefähr 50 Minuten lange Strecke auf Fahrradwegen, die früher Zugstrecken waren. Sicher, aber langweilig; dort findet man nur andere Radfahrer und Fußgänger. Früher hielt ich es für die perfekte Strecke, um interessante Podcasts zu hören. Heute lasse ich das Telefon ganz aus und merke: Nach 20 Minuten Radfahren durch die Einöde kommen auf einmal lustige, neue und kreative Gedanken auf. Gedanken, die ich vorher nicht hatte und die zu Lösungen beitragen, die ich zum Beispiel auf Vorträgen benutze.

Von Samstagabend bis Montagvormittag lasse ich mein Telefon ganz aus. Ich bin nicht erreichbar und kann auch niemanden anrufen oder mich spontan verabreden. Ich muss Leute fragen, wenn ich den Weg zu einem Ort suche. Ich kann keine Fotos von den Kindern machen. Ich kann die Fußballergebnisse nicht prüfen und so weiter. Aber ich stelle ebenso Folgendes fest: Ohne Nachrichten werde ich nicht dazu verleitet, mich über Dinge zu informieren, die ohnehin nicht in meiner Kontrolle liegen. Google Maps hätte mir vielleicht den Weg zum Kino gezeigt. Aber Google Maps hätte mir nie erklären können, warum gerade ich mir genau diesen Film ansehen sollte, um ein bestimmtes Problem neu zu durchdenken. Statt schöner Schnappschüsse mit den Kindern im Kino schätze ich die einzigartigen Momente;

ich genieße sie und versuche nicht, sie festzuhalten. Ich höre keine Job-Updates von Kollegen oder Neuigkeiten aus der Welt der Prominenten. Aber mir fällt ein, dass ich schon lange nicht mehr mit einem alten Freund gesprochen habe. (Und dann mache ich mir eine Notiz für Montag. Ich notiere mir all die Dinge, die ich machen will, wenn das Telefon wieder an ist.)

Klingt das albern?

Ist das albern?

Vielleicht. Aber mir fällt auf, dass die größten Religionen der Welt einen Tag in der Woche oder Zeiten haben, an dem sie zur Ruhe aufrufen: das Christentum den Sonntag, das Judentum den Sabbat, der Islam den Freitag, der Buddhismus seine Meditationszeiten ... Der Sinn hinter diesen Ruhezeiten ist, einen Schritt zurückzutreten, durchzuatmen, sich auszuruhen, zu reflektieren usw. Vielleicht ist gerade das Ausschalten des Telefons an einem Tag in der Woche die Art von Pause, die auch Sie brauchen.

Wir reden über all das im Kontext von Selbstwissen. Selbstwissen ist wichtig. Wir müssen verstehen, was uns glücklich macht, was uns antreibt und was unsere langfristigen Ziele sind. Aber wir müssen auch verstehen lernen, was uns im Weg steht und wie die Mechanismen, die uns im Weg stehen, funktionieren. Deshalb:

- Finden Sie einen festen Platz, um Ihr Telefon oder Tablet zu verstauen, wenn Sie es nicht benutzen.
- Wenn Sie unterwegs sind, bewahren Sie Ihr Telefon am Boden Ihrer Tasche auf, sodass Sie anhalten und wühlen müssen, um es zu finden.
- Wenn Sie darauf warten, dass der Wasserkocher fertig wird oder ein Meeting beginnt, konzentrieren Sie sich nach innen. Machen Sie eine einfache Körperübung, Dehnungen oder eine Atemübung. Finden Sie heraus, wie das Muster des Bodens aussieht. Gibt es Bilder an der Wand? Sind sie schön?
- Richten Sie handyfreie Zonen ein.
- Machen Sie es sich zur Regel, Ihr Smartphone nicht mit ins Bett zu nehmen. Wenn Sie aufwachen, versuchen Sie, einen Moment ruhig zu liegen, anstatt nach Ihrem Telefon zu greifen.

▶ Wegweiser

Es ist 14 Uhr. Sie haben einen Zahnarzttermin, sind der erste Patient nach der Mittagspause. Ihr Termin ist jedoch erst um 14:30 Uhr, die Praxis hat ihre Türen noch nicht wieder geöffnet. Sie stehen also im Eingangsbereich des alten Gebäudes, in dem Ihr Zahnarzt praktiziert, allein und ohne Zeitdruck. Und dann fällt es Ihnen ein: »Mist, ich habe mein Handy zu Hause vergessen.«

Während Sie im Treppenhaus warten, weicht Ihre Frustration einem aufkeimenden Interesse. Diese Treppe mit ihrer bewussten Eleganz ist weit mehr als nur eine Verbindung zwischen den Stockwerken. Welche Emotionen und Reaktionen wollte der Architekt wohl mit diesem Entwurf hervorrufen? Ehrfurcht, Stille oder vielleicht einen Anstoß zur Selbstbetrachtung? Langsam vermittelt das Treppenhaus Ihnen ein Gefühl der Ruhe. Es ist ein ungewohntes, aber belebendes Gefühl, dieses Innehalten, um einfach nur zu sein und nachzudenken. Sie fragen sich: Warum gönne ich mir diesen Luxus nicht öfter?

Wählen Sie die Aussagen aus, die Ihnen am meisten zusagen:

- Soziale Medien können ein Instrument zur Kontaktaufnahme sein. Sie können aber auch ein Mittel sein, um von der Selbstreflexion oder den Beziehungen in der realen Welt abzulenken. Sie bieten eine kuratierte Realität, die dazu führen kann, dass die Nutzer ihr Leben mit idealisierten Versionen anderer vergleichen und die Komplexität und Unvollkommenheit ihres eigenen Lebens ausblenden.

- Sich in die Arbeit zu stürzen, wird in vielen Kulturen gelobt. Aber manchmal kann dies ein Weg sein, um persönliche Probleme oder die Notwendigkeit einer tieferen Selbstprüfung zu vermeiden. Die Geschäftigkeit wird zu einem Ehrenzeichen, das verdeckt, dass man es vermeidet, sich selbst besser kennenzulernen.

- Der nächste Kauf oder die vorübergehende Befriedigung, neue Dinge zu erwerben, kann von tieferen Bedürfnissen oder der Unzufriedenheit mit dem eigenen Leben oder dem eigenen Selbst ablenken. Dieser Kreislauf von Begehren und Befriedigung kann süchtig machen und lenkt ständig von inneren Leeren ab.

- Sich über längere Zeit in Fernsehsendungen, Filme oder Streaming-Dienste zu vertiefen, kann eine Form der Flucht vor der Realität, der Verantwortung oder der Selbstreflexion sein. Es bietet ein alternatives Universum, in dem man vorübergehend persönliche Herausforderungen oder das Bedürfnis nach Wachstum vergessen kann.

- Der zwanghafte Konsum von Nachrichten, Informationen oder Bildungsinhalten kann eine raffinierte Form der Prokrastination oder Vermeidung sein, bei der die ständige Aufnahme neuer Informationen als Hindernis dafür dient, über das eigene Leben nachzudenken oder notwendige Veränderungen vorzunehmen.

Auf dem Weg zurück vom Zahnarzt sehen Sie Kinder und Eltern auf einem Spielplatz. Dies sollte ein Ort sein, an dem alle Spaß haben. Doch das gilt nicht für alle: Während manche Kinder herumrennen, lachen und eine tolle Zeit haben, sehen Sie andre, die wütend sind, weil ihre Sandburg auseinanderfällt, sie die Schaufel des Mädchens gegenüber nicht bekommen oder weil sie zu lange warten müssen, bis sie endlich an der Rutsche dran sind.

Wenn man sich die Eltern anschaut, sieht man die gleiche Mischung von Gefühlen. Einige lachen, schieben ihre Kinder auf der

Schaukel an oder helfen ihnen auf dem Karussell. Aber nicht alle amüsieren sich. Eine Mutter sagt ihren Kindern, dass sie ohne sie gehen wird, wenn sie nicht sofort kommen (mit großer Betonung auf »sofort«). Ein Vater steht nur am Rand und schaut gelangweilt auf sein Handy.

Sie fragen sich, warum nicht alle auf dem Spielplatz glücklich sind. Ein Ort, an dem es eigentlich nur um Spaß gehen sollte. Vielleicht liegt es an den falschen Erwartungen. Kinder und Eltern kommen hierher und hoffen auf den perfekten Tag. In dieser perfekten Welt fallen die Sandburgen nicht auseinander. Es gibt keine kleinen Kinder, die die Großen ausbremsen. Die Kinder sind glücklich, wenn Mama sagt, dass es Zeit ist, nach Hause zu gehen. Und Papa hofft im Stillen auf einen Platz an der Sonne. Sie fragen sich: »Wo habe auch ich vielleicht falsche Erwartungen?«

Kommt Ihnen einer dieser Gedanken bekannt vor?

- **Karriere und Arbeit:** »Ich arbeite hart und bekomme gutes Feedback, also erwarte ich bald eine Gehaltserhöhung oder eine Beförderung.«
- **Beziehungen und Liebe:** »Ich gebe mir Mühe in meinen Beziehungen, also erwarte ich, dass sie stark und erfüllend sind.«
- **Persönliche Errungenschaften und Erfolg:** »Ich setze mir hohe Ziele und treibe mich selbst an, daher erwarte ich, dass ich meine Ziele erreiche und anerkannt werde.«
- **Lebensstil und Besitztümer:** »Ich spare und plane für die Dinge, die ich mir wünsche, und erwarte daher einen komfortablen Lebensstil.«

- **Soziales Leben und Freundschaften:** »Ich bin freundlich und hilfsbereit zu meinen Freunden, also erwarte ich, dass sie auch für mich da sind.«
- **Gesundheit und Fitness:** »Ich ernähre mich gesund und bleibe aktiv, deshalb erwarte ich, dass ich weniger krank werde und mehr Energie für meine Familie habe.«
- **Persönliches Wachstum und Glücklichsein:** »Ich arbeite an mir selbst und bleibe positiv, und daher erwarte ich, mich glücklich und erfüllt zu fühlen.«
- **Elternschaft und Familienleben:** »Ich gebe meiner Familie Liebe und Unterstützung, daher erwarte ich, dass wir eine starke Bindung und glückliche Momente miteinander haben.«

Dieses Buch möchte Ihnen helfen, ein glückliches Leben zu führen, das 100 Jahre dauert. In diesem Kapitel haben wir einige wichtige Punkte besprochen:

Erstens haben wir über Paul Dolans Idee von Glück gesprochen. Es ist eine praktische Idee, die nicht oberflächlich oder voller Klischees ist.

Zweitens konnte dieses Kapitel hoffentlich verdeutlichen, dass nur Sie selbst herausfinden können, was Sie glücklich macht. Es gibt zwar einige Tipps aus der Wissenschaft (wie die Bedeutung von Freunden und Familie, Gesundheit und Zugang zu Natur), aber im Endeffekt müssen Sie selbst herausfinden, was Ihnen Freude und Sinn im Leben gibt. Sie haben auch einige Tipps erhalten, wie Sie das herausfinden können. Zum Beispiel, indem Sie auf Ihre täglichen Erlebnisse achten. Und nicht darauf, wie Sie diese bewerten.

Zuletzt konnte dieses Kapitel hoffentlich zeigen, dass all das, obwohl es vielleicht offensichtlich klingt, im Alltag schwer umzusetzen ist. Nicht nur, weil wir normalerweise schon genug zu tun haben. Sondern auch, weil wir in einer Welt voller Ablenkungen leben. Das sichere Navigieren durch diese Ablenkungen ist eine sehr wichtige Fähigkeit für ein erfolgreiches 100-Jahre-Leben.

Schauen wir zum Schluss in die Zukunft.

Vorausschauend leben:
Definieren, was wirklich zählt

Fred Hersch ist heute einer der erfolgreichsten Pianisten und Komponisten. Seine Reise begann in Cincinnati, wo seine angeborenen musikalischen Talente schnell offensichtlich wurden. Seine Eltern unterstützten ihn früh, waren aber nicht immer hilfreich. Seine Mutter bemerkte einmal, dass seine Arme für einen guten Pianisten zu kurz seien. Es war ein Kommentar, der eine Reihe von selbstbeschränkenden Überzeugungen auslöste. Aber er entfachte auch den Antrieb, Erwartungen zu trotzen.

Als Hersch Cincinnati verließ, trug er eine Vision von Größe mit sich. Er sah sich auf den großen Bühnen auftreten, ein Traum, der ihn zur besten Musikschule in Boston führte. Von Boston aus reiste er häufig nach New York City. Als er dort im Vanguard-Club in Manhattan, einem Mekka für Jazzliebhaber, den Pianisten beim Spielen zuschaute, sah Hersch seine Zukunft. Er dachte: »Ich kann das, was sie tun. Ich könnte hier spielen.« An diesem Abend verlegte er gedanklich seinen Wohnsitz nach New York. Und bald darauf verwandelte sich die Vision in Realität. Hersch zog nach New York – in die globale Hauptstadt des Jazz.

Sein Glaube an sein musikalisches Schicksal war unerschütterlich. Finanzielle Kämpfe waren zweitrangig in seinem Streben nach musikalischem Erfolg. Er engagierte Bandmitglieder und zahlte ihnen jeweils 100 Dollar, ohne selbst einen Cent zu verdienen. Geld spielte für ihn keine Rolle, solange er sich auf dem richtigen Weg sah. Er nervte Clubbesitzer und Musikerkollegen. »Wir werden einmal zusammen spielen«, informierte er Charlie Haden, eine Musikerlegende. Der schaute ihn nur irritiert an, als würde er denken: »Spinnst du?« Aber Herschs Überzeugung bewahrheitete sich: Nicht viel später traten die beiden zusammen auf.[76]

In Herschs Debütalbum »Horizons« zeigte sich Herschs Philosophie, sein Bestreben und Potenzial: Er sah mehrere Pfade vor sich, ein jeder voller Möglichkeiten.

Heute wird Hersch in der Jazzwelt verehrt. Natürlich ist es in erster Linie sein Stil, den die Leute mögen. Seine Musik ist lyrisch, nuanciert und tiefgreifend ausdrucksstark. Es ist ein einzigartiger und fesselnder Klang.

Ich frage mich, wie viel von seinem Erfolg seiner Fähigkeit zugeschrieben werden kann, sein zukünftiges Selbst zu visualisieren. Oder seiner Fähigkeit, das Leben als einen Bogen zu sehen. Seine Memoiren illustrieren die Kraft einer langfristigen Perspektive. Aus unserer Forschung am Centre for Behavioural Research geht hervor, dass eine tiefe Verbindung mit dem eigenen zukünftigen Selbst einen maßgeblichen Einfluss auf langfristigen Erfolg haben kann. Herschs Geschichte ist eine Lektion der transformativen Kraft dieser Vision und eines langfristigen mentalen Zeithorizonts.

Die Verbindung zum zukünftigen Selbst

Unsere Forschung hat ebenfalls gezeigt: Menschen, die eine enge Verbindung zu ihrem zukünftigen Selbst haben, sind auch in einer besseren finanziellen Position. Sie haben in der Regel weniger Schulden. Sie haben eher Geld für Notfälle und Übergänge beiseitegelegt. Sie sparen viel wahrscheinlicher und viel mehr für den Ruhestand. Personen mit hohem Einkommen, die sich stark mit ihrem zukünftigen Ich identifizieren, sparen sechsmal häufiger größere Beträge für ihren Ruhestand als diejenigen Gutverdiener, die keine solche Verbindung zu ihrem zukünftigen Selbst haben. Hieran sieht man: Geld allein reicht nicht aus. Eine enge Verbindung zum zukünftigen Selbst ist ein wichtiger Teil des Money-Mindset.

Die Auswirkungen erstrecken sich auch auf die Arbeitszufriedenheit. Personen mit einer klaren Vision ihres zukünftigen Selbst genießen ihre Arbeit mehr und finden sie bedeutungsvoller. Sie verdienen nicht nur Geld: Sie arbeiten auf eine Zukunft hin, die sie sich vorgestellt haben.

Emotional sind die Vorteile ebenso deutlich. Eine enge Verbindung zum zukünftigen Selbst korreliert mit weniger negativen Gefühlen wie Frustration, Verzweiflung, Verletzlichkeit und Sorge. Stattdessen erleben diese Personen oft positive Geld-Emotionen wie Zufriedenheit, Ruhe, Befriedigung und Selbstvertrauen.

Sein langer Zeithorizont könnte also einen Teil von Fred Herschs Erfolg erklären. Seine klare und lebendige Verbindung mit seinem zukünftigen Selbst ermöglichte es ihm, die konkurrenzintensive Landschaft der Jazzmusik mit Entschlossenheit und Weitblick zu navigieren. Er sah sich nicht nur als Musiker in der Gegenwart, sondern als zukünftige Legende der Jazzwelt. Diese Vision trieb ihn dazu an, fleißig zu üben, proaktiv nach Möglichkeiten zu suchen und sich mit einflussreichen Persönlichkeiten in der Jazzgemeinschaft zu verbinden. Für seinen langfristigen Erfolg war er bereit, auf ein besseres Einkommen heute zu verzichten. Kosten und Nutzen in der Gegenwart waren nicht so wichtig. Wichtig war das Ergebnis im langfristigen Spiel.

Ihr »zukünftiges Selbst« – wer soll das sein? Fühlt sich für Sie das etwas abstrakt an? Wenn ja, dann sind Sie nicht allein. Schaffen wir Klarheit.

Zukunftshürden in Szenarien überwinden

Hal Hershfield, ein US-amerikanischer Psychologe und Verhaltenswissenschaftler, machte eine faszinierende Entdeckung mit fMRT-Scans.[77] (Mit fMRT kann man die Gehirnaktivität abbilden.) Er fand heraus, dass wir, wenn wir über unser zukünftiges Selbst nachdenken, Gehirnareale aktivieren, die typischerweise beim Nachdenken über fremde Menschen beteiligt sind. Das könnte erklären, warum es so schwierig ist, sich unser zukünftiges Selbst vorzustellen. Für unser Gehirn handelt es sich dabei um einen Fremden. Aber was, wenn wir einen anderen Ansatz wählen würden? Statt uns zuerst unser zukünftiges Selbst vorzustellen, stellen wir uns zuerst *zukünftige Szenarien* vor.

Nava Ashraf, eine Verhaltensökonomin an der London School of Economics, und ihr Team von Psychologen und Ökonomen erforschten dies in einem einzigartigen Kontext. Sie führten eine Studie mit Kleinunternehmerinnen und -unternehmern in Kolumbien durch.[78] Viele der Teilnehmerinnen an der Studie waren Migrantinnen aus Venezuela, die ihre wirtschaftlich und sozial zerstörte Heimat verlassen hatten, um woanders neu anzufangen.[79] Oft hatten sie traumatische Erlebnisse auf ihrer Flucht in das benachbarte Land (oder schon im Heimatland). Ihr Erfolg als Kleinunternehmerinnen würde es nicht nur ihnen selbst ermöglichen, ein selbstständiges Leben zu führen, ihr Erfolg hätte auch wichtige sozialpolitische Konsequenzen. Kolumbien hat viele Migranten aus Venezuela aufgenommen. Ihnen zu helfen, sich nachhaltig selbst versorgen, ist im Interesse des Staates.

Die Kernannahme der Forschung war, dass langfristiger Erfolg dann wahrscheinlicher ist, wenn man lernt, sich die Zukunft lebhaft und emotional vorzustellen. Mehr noch, sie glaubten, dass diese Fähigkeit die wirtschaftlichen Ergebnisse von Unternehmerinnen signifikant verbessern kann – besonders im Vergleich zu herkömmlichen Geschäftstrainingsmethoden, die sich mehr auf abstraktes Denken und Kognition konzentrieren.

Um ihre Annahmen systematisch zu testen, rekrutierten die Forscher ungefähr 2000 Menschen, die zufällig in eine von drei Gruppen sortiert wurden. Etwa 450 Teilnehmerinnen erhielten keinerlei Intervention oder Training, was die Realität vieler Geschäftsleute widerspiegelt, die ohne formelle Ausbildung arbeiten. Etwa 600 Teilnehmerinnen wurden in ein Trainingsprogramm aufgenommen, das traditionelle Geschäftsfähigkeiten wie Buchhaltung, Marketing und Geschäftsführung vermittelte. Die restlichen knapp 1000 Studienteilnehmerinnen kamen in die sogenannte Imagery-Programme-Gruppe: Diese Gruppe erhielt neben dem Standardgeschäftstraining zusätzliche Schulungen zur Visualisierung zukünftiger Szenarien.

Ein Szenario, das den Teilnehmerinnen zum Visualisieren vorgelegt wurde, beinhaltete eine lebhafte Tageserfahrung: *Dein Wecker klingelt um 3 Uhr morgens. Es ist noch dunkel und kalt. Du fährst eine Stunde in deinem Lastwagen, um zum Markt von Paloquemao zu gelangen. Du kommst am Fischmarkt an. Du siehst und riechst frischen Fisch, der auf den Tischen gestapelt ist, mit lauten Verkäufern. Denke einen Moment über diese Szene nach. Ich möchte, dass du ein Bild oder ein Video in deinem Kopf entstehen lässt, so, als ob du ein Künstler oder ein Filmregisseur wärst, der versucht, diesen Moment festzuhalten. Was siehst du? Was riechst du? Wie fühlst du dich gerade?*

Die Visualisierung einer alltäglichen Szene, wie das Klingeln des Weckers um 3 Uhr morgens und der Besuch eines Marktes, dient als eine Art mentaler Übungsplatz für die zukünftigen Geschäftsleute.

Durch die Vorstellung dieser Szenen konnten sie nach und nach konkrete Pläne für ihre geschäftlichen Unternehmungen entwickeln. Beispielsweise führte das Durchdenken eines typischen Markttages dazu, dass sie überlegen, wie sie ihre Produkte effektiver präsentieren oder mit Kunden interagieren könnten. Sie stellten sich auch vor, wie sie Herausforderungen bewältigen würden, wie etwa früh aufzustehen und mit dem langen Arbeitstag und mit dem Stress und der Hektik eines geschäftigen Marktes umzugehen. Diese Art der Visualisierung hilft dabei, realistische Erwartungen an den Geschäftsalltag zu setzen, und fördert die Entwicklung von Strategien zur Bewältigung dieser Herausforderungen.

Ein anderes Szenario konzentrierte sich auf die Folgen finanzieller Entscheidungen: *Stell dir vor, dein unternehmerisches Geschäft funktioniert gut und du erhältst einen stetigen Gewinnfluss. Du fühlst dich zufrieden und verwendest deine Gewinne, um persönliche Ausgaben zu decken, die du dir vorher nicht leisten konntest. Doch darüber vergisst du zu sparen. Sechs Monate später stellst du fest, dass einer deiner Verwandten oder nahen Freunde krank wird und eine dringende Behandlung benötigt, die schrecklich teuer ist. Du willst helfen, hast aber keine Ersparnisse. Was tust du? Wie fühlst du dich in dieser Situation? Ist dies eine Situation, die du dir in der Zukunft vorstellen könntest? Wie würde dieses Ereignis dein Leben in einem Jahr beeinflussen?*

Der Kern dieser Übung liegt in der Erkenntnis, dass trotz momentanem geschäftlichem Erfolg und Zufriedenheit immer das Risiko unerwarteter Ereignisse besteht. Ereignisse, die erhebliche finanzielle Belastungen nach sich ziehen können. Die Teilnehmerinnen sollen durch diese Übung erkennen, wie wichtig es ist, auch in Zeiten des Erfolgs für Notfälle zu sparen und vorausschauend zu planen. Indem sie sich in diese Situation hineinversetzen, sollen die angehenden Geschäftsleute lernen, über die Konsequenzen ihrer finanziellen Entscheidungen nachzudenken, und das Szenario nutzen, um ihre eigene Einstellung zum Sparen und zur finanziellen Vorsorge zu reflektieren. Die Fragen am Ende der Übung zielen darauf ab, die emotionalen und langfristigen Auswirkungen solcher Entscheidungen zu erforschen und damit das Bewusstsein für eine ausgewogene und vorausschauende finanzielle Planung zu schärfen.

Was waren die Ergebnisse der Studie?

Nun – es wird Sie nicht mehr überraschen: Die Studie lief über einen Zeitraum von etwa einem Jahr. Die erste Nachuntersuchung fand sechs bis acht Monate und die zweite zwölf bis 14 Monate nach Ende des Trainingsprogramms statt. Die Ergebnisse der Studie zeigten, dass die Imagery-Gruppe, die an dem Training teilgenommen hatte, signifikant bessere wirtschaftliche Ergebnisse erzielte als die Placebo-Gruppe, die nur traditionelles Geschäftstraining erhielt. Die Messung des Erfolgs basierte auf einem Index, der Einkommen, Geschäftsüberleben, Sicherheitsnetze, Geschäftsverhalten und Investitionen umfasste. Insbesondere Einkommen und Geschäftsverkäufe wurden berücksichtigt sowie, ob die Person ein aktives Geschäft betrieb.

Die Studienergebnisse sprechen eine klare Sprache: Langfristiges Denken, kombiniert mit der Kraft emotionaler und kognitiver Verarbeitung, ist nicht nur erlernbar, sondern ein Schlüssel zum dauerhaften Erfolg. Diese Erkenntnis ist bahnbrechend. Sie beweist, dass wahrer Fortschritt über das bloße Sammeln von Faktenwissen hinausgeht. Wirklicher Erfolg entfaltet sich in der Verbindung dieses Wissens mit emotionalen Prozessen und der Fähigkeit zur lebhaften Visualisierung. Es geht nicht nur um das Erlernen von Fachwissen, sondern um die Fähigkeit, sich zukünftige Szenarien vor Augen zu führen und emotionale Reaktionen darauf zu verstehen.

Diese Einsicht hilft uns auch, das Potenzial eines 100-Jahre-Lebens zu nutzen. Sie zeigt uns, dass der Schlüssel zum langfristigen Erfolg in der Verknüpfung von Emotion und Kognition liegt. Das ganze Buch hindurch haben wir diese Verbindung – nicht zuletzt in den Wegweisern. Etwas später, im letzten Wegweiser, finden Sie für sich zwei Szenarien, inspiriert von Ashrafs Forschung.

Eine klare Vision von der Zukunft entwickeln

Hal Hershfields Forschung zeigt, dass Sie, wenn Sie Ihr zukünftiges Ich als jemanden sehen, der Ihnen ähnlich ist, eher Entscheidungen treffen, die auf lange Sicht gut für Sie sind. Hershfield zeigt auch, dass Sie wahrscheinlich bessere Entscheidungen treffen, wenn Sie sich Ihr zukünftiges Ich klar und positiv vorstellen.[80] Stellen Sie sich zum Beispiel vor, Sie sind älter und brauchen Geld für Dinge wie ein (zweites) Studium. Oder für eine Auszeit. Wenn Sie sich diese Zukunft klar vorstellen können, dann entscheiden Sie sich wahrscheinlicher dafür, jetzt Geld für die Zukunft zu sparen, anstatt es für Freuden heute auszugeben.

Der Musiker Fred Hersch ist ein gutes Beispiel dafür, wie man es richtig macht. Von Anfang an, selbst als er negative Kommentare von seiner Mutter erhielt, hatte Hersch ein klares Bild im Kopf davon, wer er werden wollte – ein renommierter Jazzmusiker. Er sah Kontinuität: Er sah eine stetige Verbindung zwischen seinem heutigem Selbst und seinem Selbst von morgen. Als er in Boston war, und besonders während seiner Besuche in New York City, war es nicht nur ein Traum, auf den großen Bühnen aufzutreten; es war eine konstante, zukunftsorientierte Vision. Wenn er Bandmitglieder aus eigener Tasche bezahlte und selbst nichts verdiente, dann sah er es als eine Investition in sein zukünftiges Selbst, nicht nur als eine gegenwärtige Ausgabe. Dieses Gefühl der Verbindung und Kontinuität zwischen gegenwärtigem und zukünftigen Selbst ist entscheidend. Es geht nicht nur darum, einen Traum oder ein Ziel zu haben, sondern die gegenwärtigen Handlungen kontinuierlich auf diese Vision hin auszurichten.

Was bedeutet das für uns? Was bedeutet das, wenn wir selbst versuchen, eine Verbindung zu unserem zukünftigen Selbst herzustellen? Es ist, einfach ausgedrückt, ein Argument dafür, Ihr gegenwärtiges Selbst besser kennenzulernen. Sie müssen Ihr gegenwärtiges Selbst verstehen, um sich lebhaft mit dem zukünftigen Selbst verbinden zu können.

Wie können wir das tun? Die Wegweiser in diesem Buch haben hoffentlich dazu beigetragen, dass Sie sich besser kennenlernen. Ein weiterer Weg besteht darin, ein Verständnis für Dinge, Erlebnisse und Aktivitäten zu entwickeln, die Ihnen Freude und Sinn geben. Diese Einsicht gibt Ihnen Hinweise darauf, welche Aspekte Ihres Lebens Sie in die Zukunft mitnehmen möchten. Tatsächlich zeigte sich in unserer Forschung, dass die Fähigkeit, eine enge Verbindung mit dem zukünftigen Selbst einzugehen, stark von dieser Art von Selbstwissen abhängt.

Es macht Sinn: Wie sollten Sie Ihr zukünftiges Ich kennen, wenn Sie noch nicht einmal Ihr gegenwärtiges Ich kennen?

In den Einsichten über das, was Ihnen Lebensfreude und Lebenssinn gibt, erkennen Sie vielleicht »tiefere Zentren«, wie Stephen Covey es nannte.[81] Zum Beispiel erkennen Sie darin vielleicht, ob Sie hauptsächlich familienzentriert, partnerzentriert, arbeitszentriert, geldzentriert, vergnügungszentriert, umweltzentriert usw. sind. Dieses Verständnis über Zentren hilft Ihnen dabei, ein zukünftiges Selbst zu formen, das mit den am tiefsten verankerten Werten übereinstimmt. Wenn Sie zum Beispiel hauptsächlich familienzentriert sind, könnte die Vision Ihres zukünftigen Selbst beinhalten, ein unterstützendes und engagiertes Familienmitglied zu sein. Wenn Sie arbeitszentriert sind, könnten Erfolg, Leistung und Fleiß eine größere Rolle spielen. Das Verständnis dieser Zentren kann helfen, Entscheidungen zu treffen und langfristige Ziele zu setzen, die im Einklang mit dem wahren Selbst stehen, sowohl jetzt als auch in der Zukunft.

Welche Zentren sprechen Sie an? Und was heißt das hinsichtlich dessen, was Sie in Zukunft wollen?

Über diese Zentren nachzudenken, kann tiefe Einblicke geben und Ihnen helfen, die Kontinuität zwischen Ihrem gegenwärtigen und zukünftigen Selbst zu erkennen und zu stärken. Indem Sie Ihre zentralen Werte und Prioritäten identifizieren, schaffen Sie eine klare Verbindungslinie zu Ihrem zukünftigen Ich. Diese Erkenntnis ermöglicht es Ihnen, bewusste Entscheidungen zu treffen, die nicht nur Ihrem gegenwärtigen Selbst dienen, sondern auch eine solide Grundlage für Ihr zukünftiges Leben legen.

Der Ansatz der »vorausschauenden Rückschau«

Die Forschung von Hal Hershfield offenbart die tiefgreifende Wirkung, die die Visualisierung des zukünftigen Selbst auf die Entscheidungsfindung hat. Eine seiner bekanntesten Studien involvierte Teilnehmer, die digital und mit künstlicher Intelligenz gealterte Bilder von sich selbst gezeigt bekamen.[82] Diese einfache Konfrontation mit dem Foto ihres zukünftigen Selbst führte zu einer Erhöhung der Sparquote für die Rente. Und dieses Ergebnis wiederum zeigte, wie eine Verbindung mit dem zukünftigen Selbst heute bessere Handlungen motivieren kann.

Aber die Konsequenzen dieser Denkweise gehen über finanzielle Planung hinaus. Er zeigt, dass diese Praxis auch spürbare Vorteile in Gesundheit und persönlicher Entwicklung hat. Zum Beispiel waren Personen, die sich ihr zukünftiges Selbst lebhaft vorstellen konnten, eher geneigt, gesündere Lebensstilentscheidungen zu treffen. Das ergibt Sinn, oder?

Auf dieser Grundlage wurden mehrere konkrete Techniken entwickelt, um die Visualisierung des zukünftigen Selbst zu verbessern. Eine davon ist das Schreiben von Briefen an und von sich in der Zukunft. Diese Übung ermutigt Menschen, ihre zukünftigen Ziele, Ängste und Bestrebungen zu artikulieren. Indem sie an ihr zukünftiges Selbst schreiben, können Menschen ihre Hoffnungen und Erwartungen (und ebenso ihre Sorgen und Ängste) ausdrücken. Umgekehrt kann ein fiktiver Brief vom zukünftigen Selbst an das gegenwärtige Ratschläge, Weisheit oder Zuspruch bieten. Diese bidirektionale Kommunikation fördert eine tiefere Verbindung mit dem zukünftigen Selbst und macht es greifbarer und realer.

Eine weitere Technik beinhaltet die Umdeutung der Wahrnehmung von Zeit. Das Denken über die Zukunft in kleineren Einheiten kann langfristige Ziele greifbarer und erreichbarer erscheinen lassen. Wenn wir statt in Jahren nun in Tagen denken, bringt das die ferne Zukunft in eine klarere, verständlichere Perspektive. So wird das Gefühl der Dringlichkeit und Wichtigkeit verstärkt, das mit zukunftsorientierten Entscheidungen verbunden ist. Nehmen wir an, Sie möchten Gewicht verlieren oder einen Marathon laufen: Dann unterteilen Sie Ihren Trainingsplan in tägliche Aufgaben und Errungenschaften. Anstatt ein jahrelanges Bemühen zu sehen, betrachten Sie jeden Tag als Schritt in Richtung Ihres Ziels. Dieser tägliche Fokus kann Ihre Motivation steigern und den Prozess überschaubarer machen.

Durch solche Techniken wird die Visualisierung des zukünftigen Selbst zugänglich und praktisch. »Die Zukunft« kann ziemlich vage und nebulös sein. Indem sie in konkreten, umsetzbaren Praktiken verankert wird, öffnet sich ein Weg, aktiv mit Ihrem zukünftigen Selbst in Kontakt zu treten. Und dies kann zu durchdachteren und zukunftsorientierten Entscheidungen in der Gegenwart führen.

Der Ansatz der vorausschauenden Rückschau, wie er an unserem Centre for Behavioural Research entwickelt wurde, ist ebenso stark von Hal Hershfield inspiriert: Er basiert darauf, sich eine zukünftige Situation vorzustellen und dann rückwärts zu arbeiten. Hier ist eine Anleitung zur Durchführung dieser Methode:

Die vorausschauende Rückschau

Schritt 1: Persönliche Informationen
- Ihr heutiges Alter: ___
- Alter Ihres Partners heute (falls zutreffend): ___
- Alter Ihrer Kinder heute (falls zutreffend): ___
- Wie viele Jahre in die Zukunft möchten Sie denken? Wählen Sie zwischen 3, 5, 10, 15, 20 Jahren.

Schritt 2: Die Zukunft visualisieren
- In ___ Jahren sind Sie: ___
- (Falls zutreffend) Ihr Partner ist: ___
- (Falls zutreffend) Ihre Kinder sind: ___
- Wie fühlen Sie sich bei dem Gedanken an diese Zukunft? Sind Sie aufgeregt, ängstlich, neugierig, hoffnungsvoll, unsicher, nostalgisch?

Schritt 3: In die Zukunft eintauchen
Als Nächstes tauchen Sie in den in Schritt 1 von Ihnen gewählten Zeitpunkt in der Zukunft ein. Es geht darum, sich ein konkretes Bild von dem zu machen, was in der Zukunft sein könnte. Hier sind einige Leitfragen, die Sie dabei unterstützen:

Zukünftige Wohnsituation:
In ___ Jahren möchte ich in _____ (Land) in _____ _____ (einem kleinen Haus, einem Bungalow, einer Doppelhaushälfte, einer Wohnung, einem Hotel, einem Wohnwagen usw.) leben, und zwar in _____ (einem ländlichen Dorf, in den Bergen, in einer Stadt, in einer Kleinstadt usw.).

Lebensgefährten:
Ich möchte leben mit _____ (alleine, mit meiner Familie, mit meinem Partner/meiner Partnerin, mit meinen Kindern, mit Freunden). Es _____ (wird/wird nicht) ein Haustier geben.

Zeitinvestition:
Ich möchte mehr Zeit verbringen mit _____.

Arbeit:
In einer normalen Woche werde ich _____
(Vollzeit arbeiten, Teilzeit arbeiten, freiberuflich tätig sein, nicht arbeiten) und ich möchte gerne _____ (meine lokale Gemeinschaft unterstützen, ehrenamtliche Arbeit leisten, Familie und Freunde unterstützen usw.).

Freizeitaktivitäten:
In meiner Freizeit werde ich _____
_____
_____
(Zeit in der Natur verbringen, Sport schauen oder betreiben, einem Hobby oder Interesse nachgehen, Zeit mit Familie und Freunden verbringen).

Finanzielle Ziele:
In ___ Jahren möchte ich genug Geld haben, um _____
_____
(in guten Restaurants essen zu gehen, Renovierungen zu Hause vorzunehmen, ins Ausland in den Urlaub zu fahren, ein finanzielles Polster aufzubauen, die Familie zu unterstützen, eine neue Karriereausbildung zu beginnen, für wohltätige Zwecke zu spenden, eine Auszeit fürs Studium zu nehmen).

Persönliche Erfüllung:
Etwas, das mir in ___ Jahren wichtig erscheinen wird, ist _____ (Karriereerfolg, Weiterbildung, Zeit mit der Familie, Engagement in der Gemeinschaft, Pflege meiner Gesundheit und meines Wohlbefindens).

Errungenschaften:
Etwas, das ich in den nächsten ___ Jahren erreicht haben möchte, ist _____.

Ratschläge aus der Zukunft:
- Mein finanzieller Ratschlag aus der Zukunft an mein heutiges Ich: _____.
- Mein Lebensratschlag aus der Zukunft an mein heutiges Ich: _____
_____.

Schritt 4: Reflektieren
Nachdem Sie sich diese Fragen gestellt und darüber nachgedacht haben, reflektieren Sie Ihre Gefühle: Fühlen Sie sich aufgeregt, hoffnungsvoll oder inspiriert? Oder vielleicht ängstlich, unsicher oder sogar überfordert?

Denken Sie daran, dass Ihre Gefühle Ihre Entscheidungen mit beeinflussen. Es ist normal, gemischte Gefühle zu haben, wenn man an die Zukunft denkt. Jedes Gefühl, das Sie haben, sollte ernst genommen werden und kann Ihnen dabei helfen, Ihre tieferen Wünsche und Bedenken zu verstehen.

Die wichtigste Frage ist jedoch: Sind Sie auf dem richtigen Weg, um dieses Leben zu führen? Gehen Sie heute Schritte, die Sie auf diese Zukunft hinführen? Oder stellen Sie fest, dass Ihr aktueller Weg von dieser Vision abweicht? Dies ist ein entscheidender Moment der Reflexion – es geht darum, Ihre heutigen Handlungen mit Ihren zukünftigen Bestrebungen in Einklang zu bringen. Denken Sie daran, dass die Reise zu Ihrer Zukunft mit den Schritten beginnt, die Sie heute unternehmen.

Schritt 5: Hindernisse vorhersehen
Der letzte Schritt unseres Prozesses der »vorausschauenden Rückschau« basiert auf der Pre-Mortem-Technik, die Sie dazu einlädt, potenzielle zukünftige Herausforderungen vorauszusehen. Es geht darum, sich vorzustellen, was schiefgehen könnte, bevor es tatsächlich passiert. Der Zweck ist einfach, aber tiefgreifend: mögliche Hindernisse im Voraus zu identifizieren, um proaktiv Maßnahmen zu ergreifen, um sie zu vermeiden oder zu mildern.

In dieser Phase ermutigen wir Sie, zwei verschiedene Arten von Faktoren zu betrachten: solche, die in Ihrer Kontrolle liegen, und solche, die außerhalb Ihrer Kontrolle sind. Dieser Ansatz stimmt mit den Prinzipien der Kognitiven Verhaltenstherapie (KVT). Reflektieren Sie über die folgenden Fragen. Sie sind nicht als Checkliste gedacht, sondern als Leitfaden, um durchdachte Introspektion und strategische Planung anzuregen:

- Zuerst fragen Sie sich: »*Welche externen Gründe könnten mich daran hindern, meine gewünschte Zukunft zu erreichen?*« Dazu könnten Arbeitsplatzverlust, Veränderungen auf den Finanzmärkten, Gesundheitsprobleme oder rechtliche Veränderungen gehören. Das Erkennen dieser Faktoren hilft dabei, die Unsicherheiten des Lebens zu verstehen und zu akzeptieren.

- Dann überlegen Sie: »*Welche persönlichen Gründe könnten mich davon abhalten, meine zukünftigen Ziele zu verwirklichen?*« Berücksichtigen Sie Aspekte wie Gesundheit und Wohlbefinden, Sparen, Zukunftsplanung und Ihr Verständnis dafür, was Ihnen Glück bringt. Das Anerkennen dieser Faktoren befähigt Sie, Veränderungen vorzunehmen und die Kontrolle über Ihre Reise zu übernehmen.

- Schließlich: »*Welche Schritte kann ich jetzt unternehmen, um diese Herausforderungen anzugehen?*« Das könnte die Entwicklung von Routinen, finanzielle Planung, das Einholen von Beratung oder einfach mehr Zeit für das beinhalten, was Sie erfüllt. Durch die Identifizierung von umsetzbaren Schritten können Sie heute beginnen, einen positiven Einfluss auf Ihre Zukunft auszuüben.

▶ **Wegweiser**

Stellen Sie sich einen Tag in zehn Jahren vor: Sie betreten Ihren Supermarkt, umgeben von den Geräuschen der Kühlanlagen und dem Gemurmel anderer Kunden. In der Obst- und Gemüseabteilung überlegen Sie, ob Sie Bio-Produkte oder konventionelle wählen, beeinflusst durch Angebote und Preise. Bei Brot und Backwaren fragen Sie sich, ob Sie Vollkorn für die Gesundheit oder ein besonderes Gebäck wählen. Bei Haushaltswaren entscheiden Sie zwischen umweltfreundlichen Produkten oder preiswerteren Alternativen. An der Kasse überdenken Sie Ihre Einkäufe und fühlen sich entspannt und sicher. Sie legen Ihre Produkte auf das Kassenband.

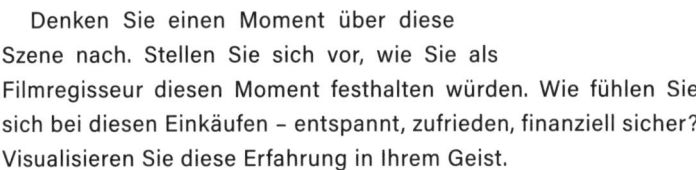

Denken Sie einen Moment über diese Szene nach. Stellen Sie sich vor, wie Sie als Filmregisseur diesen Moment festhalten würden. Wie fühlen Sie sich bei diesen Einkäufen – entspannt, zufrieden, finanziell sicher? Visualisieren Sie diese Erfahrung in Ihrem Geist.

Nun stellen Sie sich vor, Sie arbeiten seit Jahren zuverlässig für denselben Arbeitgeber. Eines Morgens, nach einer kurzen Kaffeepause, kehren Sie an den Schreibtisch zurück, bereit, sich den Aufgaben des Tages zu widmen. Doch anstatt in Routinearbeiten einzutauchen, finden Sie eine E-Mail von Ihrem Chef mit dem Betreff »Dringende Unternehmensnachricht« vor. Beim Öffnen der Nachricht erfahren Sie, dass Ihr Job aufgrund von wirtschaftlichen Schwierigkeiten und Restrukturierungen im Unternehmen in Gefahr ist. Es kommt nicht ganz unerwartet. Es gab Andeutungen. Aber jetzt gibt es Gewissheit.

Was würden Sie als Erstes tun? Wie würden Sie sich in dem Moment fühlen? Sind Sie auf eine solche Wendung vorbereitet? Ist dies eine Situation, die Sie sich in der Zukunft vorstellen könnten? Wie würde dieses Ereignis Ihr Leben in einem Jahr beeinflussen?

Zum Schluss dieses Kapitels kehren wir zurück zu einer Geschichte aus Fred Herschs Biografie »Good things happen slowly – a life in and out of Jazz«. Sie fasst die Lektionen, die wir in diesem dritten Teil des Buches gelernt haben, wunderbar zusammen.

In seiner Biografie erzählt Hersch, wie er und sein Manager jedes Jahr eine BAWL erstellten – eine »Big Ass Wish List«. Diese Liste war keine gewöhnliche Sammlung; es war eine Ansammlung von großen Träumen und Bestrebungen, ungehindert von den Grenzen der Praktikabilität. Eines Jahres äußerte Hersch den Wunsch, ein großangelegtes Werk zu komponieren, das Walt Whitmans Poesie vertont; ein Projekt, inspiriert von seiner tiefen Zuneigung zu dem Dichter. Er stellte sich ein Stück vor, das das Wesen von Whitmans Feier der menschlichen Verbindung und der natürlichen Welt einfangen würde. Dieser Traum, weitreichend und ehrgeizig, war perfekt für die BAWL geeignet. Einige Monate später erhielt Hersch einen Anruf von seinem Manager mit erstaunlichen Neuigkeiten: Drei Aufführungen dieses noch zu komponierenden Stücks waren bereits für das nächste Jahr geplant.

Hatte Fred Hersch einfach nur Glück? Nein, natürlich nicht. Die Bedeutung der Selbstkenntnis in einem langen Leben haben wir in vorherigen Kapiteln diskutiert. Es geht darum, zu erkennen, was uns antreibt, darum, Zeit für Selbstreflexion zu finden, und ein klares Bild unserer Zukunft zu haben.

Herschs Erfolg mit seiner BAWL zeigt, wie wichtig es ist, sich Zeit für das Nachdenken über eigene Bestrebungen zu nehmen und zu verstehen, was uns wirklich erfüllt. Herschs Projekt war nicht nur ein musikalisches Vorhaben, sondern eine tiefgreifende Übereinstimmung mit seinen Freuden und Zielen. Seine BAWL war eine Vision seines zukünftigen Selbst, eine Vorstellung von Möglichkeiten, die über das Gegenwärtige hinausgehen.

Lassen Sie mich klarstellen: Fred Herschs BAWL ist keine Aufforderung, hohe Ziele unter der Annahme zu setzen, dass Erfolg unweigerlich folgen wird. Das ist die Art von »Mindset-Ratschlag«, die ich, wie ich hoffentlich deutlich machen konnte, entschieden ablehne. Das wäre ein grenzwertig gefährlicher Rat, da er zur Entmutigung führen kann, wenn Erwartungen nicht erfüllt werden. Ziele müssen in der Realität verankert sein. Beachten Sie jedoch, dass es nicht Fred Herschs *Ziel* war, diese Lieder zu komponieren. Es war sein *Wunsch* – und ein großer dazu. Der primäre Zweck einer Wunschliste wie der BAWL ist nicht, Erfolg zu garantieren, sondern als Kompass zu dienen, der unsere langfristige Ausrichtung lenkt und hilft, unsere täglichen Handlungen mit unseren tieferen Bestrebungen in Einklang zu bringen.

Herschs Erfahrung ist ein Beweis dafür, dass Selbstkenntnis weit mehr als nur introspektive Reflexion ist; sie ist ein Schlüssel, um in einem Leben unser volles Potenzial zu entfalten. Die Geschichte zeigt, dass tiefes Verständnis unserer eigenen Bestrebungen uns ermöglicht, auch scheinbar unerreichbare Ziele zu realisieren.

Einfach ausgedrückt: Selbstkenntnis ist ein Vermögenswert!

Lassen Sie uns abschließen.

Zum Schluss ein Plan

Beginnen wir mit einem kurzen Rückblick auf die Kernanliegen dieses Buches, bevor ich Ihnen einen Finanzplan vorstelle, der persönliche Lebensziele und eine dazu passende Finanzstrategie vereint. Und der dafür sorgt, dass Sie ein Leben in Gück und Wohlstand verbringen können.

Beginnen wir mit den Entscheidungen von Dr. Ingmar Zöller (dem Augenarzt, der lieber S-Bahn-Fahrer wurde), Emily Hanley (der Texterin, die durch ChatGPT ihren Job verlor), Martina Rosenberg (der Freiberuflerin, die sich fragte, wann ihre Mutter mit Pflegebedarf endlich stirbt) und Oliver Noelting (dem Softwareentwickler, der alles für den Vorruhestand tat, bis seine Tochter geboren wurde).

Ihre Überlegungen, die den Entscheidungen vorangingen, waren exemplarisch für die Herausforderungen eines 100-Jahre-Lebens:

- Mache ich den Job weiter wegen der finanziellen Sicherheit, die er mir bietet – obwohl mich der Beruf nicht erfüllt?
- Gehe ich noch einmal in die Fort- oder Weiterbildung? Oder habe ich noch Aussichten auf Erfolg mit meinen bestehenden Kenntnissen und Fähigkeiten?
- Wie balanciere ich den Pflegebedarf meiner Eltern mit der Notwendigkeit heute, Geld zu verdienen und für meine Kinder da zu sein?
- Wie sehr lohnt es sich, heute mehr zu arbeiten und Geld zu verdienen, wenn ich nur eine begrenzte Zeit habe, meine Tochter als Baby zu erleben?

Im Wesentlichen geht es bei diesen Überlegungen einerseits um das Abwägen zwischen finanzieller Sicherheit heute und finanzieller Sicherheit morgen. Sowie anderseits zwischen dem Streben nach

Glück und Lebensfreude sowohl im Hier und Jetzt als auch in der Zukunft.

Es sind extrem schwere Überlegungen.

Und viele von uns treffen falsche Entscheidungen: Sie entscheiden sich oft für den Status quo. Sie wählen den einfacheren Weg, nur um kurzfristig auf Schmerz zu verzichten. Sie können ihren Alltag aufgrund vielfacher Belastungen nicht leiden. Sie bereuen später, nicht das gemacht zu haben, was sie langfristig glücklicher gemacht hätte.

Es ist verständlich, warum das so ist: Daniel Kahneman und Amos Tversky können als die Gründer der modernen Verhaltenswissenschaft gelten. Sie haben herausgefunden, dass Menschen ihr Leben oft nicht nach ihrem Wohlbefinden bewerten, sondern nach Gewinnen oder Verlusten im Vergleich zu einem »neutralen« Referenzpunkt. Viele von uns bleiben in einem ungeliebten Job, weil es einfacher ist, im Gewohnten zu verharren. Oder weil sie den potenziellen Verlust bei einer Veränderung fürchten. Oder weil sie die mit Veränderungen anstehenden Anstrengungen vermeiden wollen.

Wir lehnen eine Weiterbildung ab, weil wir glauben, dass die von uns in der Vergangenheit unternommenen Investitionen doch »für etwas gut gewesen sein müssen«. Das hindert uns daran, neue Wege einzuschlagen. Wenn es besser wäre, zurückzutreten und sich mehr um die Eltern zu kümmern, dann stellen wir fest, dass wir keine Rücklagen haben, nur weil wir in einem Umfeld leben, in dem niemand sonst Rücklagen bildete. Der Gedanke: »Keiner meiner Freunde oder Kollegen hat Rücklagen, also brauche ich auch keine!« beeinflusst unsere finanziellen Entscheidungen. Wir achten nicht auf das, was uns langfristig glücklich macht, sondern häufig auf falsche Referenzpunkte: den Status quo, die versunkenen Kosten, die sozialen Normen und so weiter.

In diesem Buch habe ich argumentiert, dass wir für bessere Entscheidungen Selbstwissen brauchen.

Selbstwissen über diverse Dinge:

- Selbstwissen darüber, welche Einstellungen, Glaubensannahmen, emotionalen Reaktionen, Denkfehler oder Denkgewohnheiten uns zu welchen Entscheidungen und Handlungen verleiten.

- Selbstwissen darüber, woher diese Dinge kommen könnten – entweder aus unserer eigenen Vergangenheit oder aus der Evolution des Menschen.
- Selbstwissen darüber, wie die Realität des Alltags mit all seinen Ablenkungen (Medien, digitale Techniken, diverse Anforderungen) langfristiges Denken verhindert, weil sie sich kurzfristig aufdrängt.
- Selbstwissen darüber, was uns heute wichtig ist, was uns schon früher wichtig war und was uns, entsprechend, wahrscheinlich in Zukunft wichtig sein wird.
- Selbstwissen über die Dinge, Aktivitäten und Erlebnisse, die uns heute Lebensfreude und Lebenssinn geben.
- Selbstwissen über die Bedürfnisse, Wünsche, Notwendigkeiten unseres zukünftigen Ich.

Ohne dieses Selbstwissen kann das 100-Jahre-Leben schnell zu einer Falle werden. Dann bleiben wir in ungeliebten Jobs. Wir treffen Entscheidungen zur Fort- und Weiterbildung zu spät. Wir sind nicht mental auf Krisen vorbereitet. Und wir bereuen, nicht mehr einzigartige Momente bewusst erlebt zu haben.

Scannen Sie den QR-Code

In diesem Webinar erkläre ich, was diese Perspektive für progressive Finanzdienstleister – Banken, Versicherungen – bedeutet.

Die Gefahr der Falle ist real.

Wir tappen in eine Falle, wenn wir an der Finanz- und Lebensplanung eines Drei-Stufen-Lebens festhalten, statt uns an die Realitäten eines längeren und vielschichtigeren Multi-Stufen-Lebens anzupassen. Wir halten lieber an alten Mustern fest:

- Wir sparen nicht genug für Übergangsphasen, was einen Wechsel des Karrierepfades oder längere Pausen erschwert.
- Wir gehen fälschlicherweise davon aus, dass unsere produktivsten

Jahre in der Lebensmitte liegen, was die Bereitschaft zu späteren Karrierewechseln hemmt.
- Die Angst, einen gut bezahlten Job aufzugeben, hindert uns daran, nach erfüllenderen Berufen zu suchen.
- Der Widerwille, in mittleren Jahren Gehaltseinbußen für Weiterbildungen hinzunehmen, blockiert unser persönliches Wachstum.
- Die Überbetonung des Sparens für die Zukunft geht oft auf Kosten des Genießens der Gegenwart.

Diese veralteten Denkweisen und Strategien führen uns in eine Falle, in der unser langes Leben nicht die erhoffte Erfüllung und finanzielle Sicherheit bringt.

Um die Vorteile des 100-Jahre-Lebens zu genießen, sollten wir die Flexibilität unserer Lebensphasen anerkennen: Freizeit, Ausbildungszeiten und produktive Jahre können anders verteilt werden.

Oliver hat sich beispielsweise entschieden, seine Arbeitszeit zu reduzieren, um mehr Zeit mit seiner Tochter zu verbringen. Meetings, E-Mails, Projekte – all diese beruflichen Verpflichtungen können auch später im Leben erfüllt werden. Aber die einmaligen Momente mit seiner Tochter gibt es nur jetzt. In fünf Jahren wird sie zur Schule gehen, zehn Jahre später ein Teenager sein und in 20 Jahren ihr eigenes Leben führen. Die kostbaren Augenblicke der Kindheit können nur im Jetzt erlebt werden. Dr. Zöller hat erkannt, dass das Leben zu kurz ist, um in einem ungeliebten Job zu versauern. Er hat sich für weniger Geld, aber mehr persönliche Erfüllung entschieden.

Warum wagen nicht mehr Menschen diesen Schritt?

Die Finanzierung eines solchen Lebens ist natürlich eine Herausforderung. Aber letztendlich sind es meist mentale Barrieren, die uns zurückhalten. Wenn wir unsere Einstellungen und Erwartungen an das Leben und die Arbeit neu ausrichten, können wir den vollen Nutzen eines 100-Jahre-Lebens erschließen.

Im zweiten Kapitel haben wir über die 50-30-20-Faustregel gesprochen. Zur Erinnerung: 50 % des Einkommens entfallen auf lebensnotwendige Ausgaben, 30 % auf persönliche Wünsche und Bedürfnisse und 20 % dienen der Verbesserung der finanziellen Situation. Sollten Schulden vorhanden sein, werden 20 % des Einkommens für deren Tilgung verwendet. Bei unzureichenden Rücklagen werden diese aufgebaut, ansonsten wird langfristig für den Ruhestand und mögliche Übergangsphasen gespart.

Selbst mit solch einer finanziellen Aufstellung bleiben Jobverlust, wie bei Emily, und Übergangsphasen, wie bei Martina, emotional herausfordernd. Aber zumindest bieten sie eine finanzielle Absicherung und reduzieren dadurch einen Teil des Stressfaktors.

Die 50-30-20-Faustregel bietet auch eine ausgewogene Perspektive auf den Umgang mit unserer Zeit und dem Geschenk eines längeren, gesünderen Lebens. Diese Regel hilft uns, unsere Ausgaben und Investitionen über verschiedene Zeithorizonte hinweg zu balancieren:

- **50 %** des Einkommens werden für *gegenwärtige* Bedarfe ausgegeben. Dazu zählen alltägliche Ausgaben wie Unterhalt, Heizung und Verpflegung. Diese Kosten sind unmittelbar und essentiell für unser tägliches Leben *hier und heute*.

- Die **30 %** für persönliche Wünsche sind *ebenfalls in der Gegenwart* verankert. Ausgaben für Freizeitaktivitäten wie Ausgehen, Urlaube und Hobbys fallen hierunter. Obwohl diese Ausgaben momentan getätigt werden, stellen sie aber auch langfristige Investitionen in persönliche Beziehungen, Familie und bereichernde Erfahrungen dar, von denen man *langfristig* profitieren kann.

- Die verbleibenden **20 %** zur Verbesserung der finanziellen Situation haben eine langfristige Perspektive. Der Abbau von Schulden befasst sich mit vergangenen finanziellen Entscheidungen, während der Aufbau von Rücklagen zukünftige Ausgaben im Blick hat. Das Sparen für Übergangsphasen und den Ruhestand richtet den Fokus auf die ferne Zukunft.

Diese Formel fördert eine »balancierte Befriedigung«, die wir im Kapitel »Das 100-Jahre-Lebensglück« diskutiert haben. Sie ermöglicht es uns, nicht nur im Hier und Jetzt, sondern auch langfristig ein erfülltes Leben zu führen. Durch diese ausgewogene Verteilung unserer Ressourcen können wir sowohl die Gegenwart genießen als auch für zukünftige Herausforderungen gerüstet sein.

Wichtig ist jedoch, dass die 50-30-20-Regel flexibel gehandhabt werden sollte, abhängig von der aktuellen Lebenssituation. In Phasen der Arbeitslosigkeit oder wenn wir aus anderen Gründen von unseren Ersparnissen leben müssen, kann die Regel angepasst werden, zum Beispiel zu 70-25-5. Hierbei werden die Ausgaben für die Grundbedürfnisse und persönlichen Wünsche höher gewichtet, während weniger für die langfristige finanzielle Sicherheit zurückgelegt wird (werden kann). Sobald wir wieder in eine produktivere Lebensphase eintreten, können die Anteile erneut angepasst werden, beispielsweise zu 50-20-30, um die finanzielle Situation stärker zu verbessern. Erst wenn wir uns in einer stabilen Lebensphase befinden, kehren wir zur klassischen 50-30-20-Verteilung zurück. Durch diese flexible Anwendung der Regel können wir sicherstellen, dass wir sowohl in den gegenwärtigen als auch zukünftigen Lebensphasen gut aufgestellt sind.

Der Finanzplan für ein 100-Jahre-Leben

Der jetzt vorgestellte Finanzplan gibt einen umfassenden Überblick. Er bettet finanzielle Entscheidungen in den Gesamtkontext des individuell gewünschten Lebensstils ein. Er macht deutlich, dass effektive Finanzplanung nicht nur aus Zahlen besteht. Sondern dass es im Kern darum geht, ein schönes und langes Leben zu finanzieren.

Dieser Finanzplan macht es hoffentlich einfacher, komplexe Entscheidungen zu treffen, da er unsere finanzielle Lage mit unseren persönlichen Werten und Zielen verbindet. So können wir Entscheidungen treffen, die finanziell sinnvoll sind, und gleichzeitig langfristige Lebensqualität sichern.

Dies ist ein ganzheitlicher und persönlichkeitszentrierter Plan. Ich habe ihn beispielhaft ausgefüllt. Nehmen Sie es als Vorlage für Ihr eigenes Leben – formulieren Sie ihn auf Ihre Bedürfnisse und Gegebenheiten um.

Er zeichnet sich durch die Integration von persönlichen Lebenszielen und Werten – in diesem Beispiel der Work-Life-Balance und der Beziehungspflege – in die finanzielle Strategie aus. Er verbindet finanzielle Kennzahlen mit dem emotionalen und sinnstiftenden Aspekten des Lebens.

Darüber hinaus wird eine zukunftsorientierte Perspektive eingenommen, die eine klare Vision für kommende Jahre – in diesem Beispiel die Gründung einer eigenen Firma – beinhaltet. Dies hilft, aktuelle Entscheidungen im Licht langfristiger Ziele zu betrachten und entsprechend zu planen.

Ein weiterer Aspekt dieses Plans ist die Selbstreflexion zum eigenen Umgang mit Geld. In diesem Beispiel wird die Tendenz zu übermäßigem Sparen anerkannt und geschlussfolgert, ein Gleichgewicht zu finden, das sowohl die aktuellen Bedürfnisse als auch zukünftige Ziele berücksichtigt.

Die klare Auflistung von Ersparnissen, Investitionen, Wertgegenständen und Schulden bietet eine transparente Übersicht über das Nettovermögen. Zugleich wird überlegt, wie monatliche Einnahmen am effektivsten ausgegeben werden: wie viel für Notwendigkeiten, wie viel für Bedürfnisse, wie viel zur Verbesserung der finanziellen Situation. In dem Fall ist es nicht 50-30-20. Aber es gibt einen guten Grund.

Der Titel dieses Buches verspricht nicht nur einen Leitfaden für Glück, sondern auch für Wohlstand. Es ist hoffentlich klar geworden, dass Wohlstand nicht nur mit Geld erreicht wird. Ja, Geld ist wichtig. Ohne Geld ist es schwierig, gut zu leben. Aber es geht auch darum, was wir eigentlich wollen. Das zu missachten war der große Fehler der Buddenbrooks. Trotz ihres Reichtums haben sie sich das Leben schwer und kaputt gemacht. (Und ironischerweise haben sie in dessen Konsequenz auch noch ihren Reichtum verprasst.) Entsprechend ist es wichtig, auf das zu achten, was uns Lebenssinn und Lebensglück gibt, sowie unsere Gedanken zu verstehen und zu kontrollieren. Wir brauchen mehr emotionale Intelligenz! Denn – vielleicht sage ich es zu oft: Ein schönes langes und finanziell gesichertes Leben zu führen, ist zuerst eine *mentale* Herausforderung. Es ist erst in zweiter Linie eine finanzielle Herausforderung.

Mein Finanzplan

Teil 1: ICH

Meine Zentren bzw. Lebensschwerpunkte:
- Work-Life-Balance: Ich möchte Beruf und Privatleben so harmonisieren, dass sowohl Karriereerfolg als auch Hobbys möglich sind.
- Mein Partner: Ich möchte eine starke, liebevolle Beziehung aufrechterhalten, geprägt von Verständnis und gemeinsamen Glücksmomenten.

Was mir heute Lebensfreude und Lebenssinn gibt:
- Projekt X, weil es meine Kreativität und mein technisches Wissen herausfordert.
- Die Abende mit den Kids, weil sie mir helfen, vom Arbeitsstress abzuschalten.

Ziele für die nächsten 18 Monate:
In den nächsten 18 Monaten werde ich häufiger mit Freunden ausgehen, einen Wintergarten bauen und Zeit zum Schwimmen finden.

Mein zukünftiges Ich:
In 5 Jahren möchte ich eine eigene kleine Firma gegründet haben, die sich auf nachhaltige Technologien spezialisiert. In 10 Jahren möchte ich die Möglichkeit haben, das Tempo ein bisschen rauszunehmen, 80 % oder 60 % arbeiten und Zeit haben, Romane zu schreiben.

Money-Mindset:
Ich bin ein bisschen komisch im Umgang mit Geld, weil ich dazu neige, übermäßig zu sparen, aus Angst, nicht genug für unvorhersehbare Ereignisse zu haben. Deshalb muss ich stärker darauf achten, dass ich das Leben mehr genieße, indem ich in Erfahrungen investiere, die mir Freude bereiten.

Teil 2: MEINE FINANZEN

Mein Nettovermögen:

Rücklagen für Notfälle:	5.500 €
Übergangsfonds:	15.000 €
Altersvorsorge (ETF-Sparplan):	112.000 €
Wertgegenstände (Immobilie, Schmuck):	220.000 €
Schulden (Hypothek, Kreditkarten):	-163.000 €
Nettovermögen:	189.500 €

Mein Nettoeinkommen: 3000 Euro.
Dafür gebe ich aus:
50 % für Notwendigkeiten
25 % für Bedürfnisse
25 % zur Verbesserung meiner finanziellen Situation

Das halte ich für angemessen, weil ich in meinem Job bald kürzertreten möchte und daher höhere Ersparnisse aufbauen will.

Sie sehen: Der hier vorgestellte Lebens- und Finanzplan regt auch dazu an, sich mit den Prioritäten der nächsten 18 Monate auseinanderzusetzen. Warum? Warum ist dieser recht kurzfristige Fokus in einem Zeitalter, in dem wir ein 100-Jahre-Leben führen könnten, so bedeutsam?

In unserem Jahrhundertleben liegt der Blick naturgemäß auf der ferneren Zukunft. Das ist eine Notwendigkeit, zweifellos. Doch es ist ebenso essenziell, den Wert kurzfristiger Planung zu erkennen: zum einen aufgrund der einfachen Tatsache, dass wir nicht nur in der Zukunft leben, sondern auch heute. Und heute verloren gegangenes Glück ist für immer verloren gegangenes Glück. Darüber hinaus geht es aber auch darum, unseren Blick auf die Dinge, die uns Lebensglück und Lebenssinn geben, zu trainieren. Wir müssen das lernen. Wir haben diese Fähigkeit selten von uns heraus.

Nehmen wir zum Beispiel den Ruhestand. Es gibt so viele Menschen, die sich auf den Ruhestand – wenn er erst mal kommt – kaum einstellen können, weil sie es davor versäumt haben, ihre eigenen Interessen und Neigungen zu erkunden. Die Möglichkeit, jetzt auf einmal von Ersparnissen zu leben und sich zurückzulehnen, ist dann keine Befreiung. Es bereitet Stress.

Im 100-Jahre-Leben geht es natürlich nicht nur um den Ruhestand, sondern auch um Berufswahl, lebenslanges Lernen und persönliche Entwicklung zu jedem Zeitpunkt unserer Existenz. Aber generell gilt: Ohne die Fähigkeit, auf das zu achten, was uns Lebensfreude und Lebenssinn gibt, wird es schwierig, ein glückliches Leben zu führen.

Ein dritter Grund für die kurzfristige Planung liegt im Aufbau glücklicher Erinnerungen. Indem wir bewusst Momente des Glücks und der Zufriedenheit in den nächsten 18 Monaten schaffen, sammeln wir wertvolle Erinnerungen, die uns langfristig begleiten und bereichern. Diese Erinnerungen dienen als Quelle der Freude und Inspiration, lange nachdem die Momente vergangen sind. Sie bereichern unser Leben auf eine Weise, die weit über den unmittelbaren Zeitpunkt hinausgeht und uns in schwierigen Zeiten stärken kann.

Kurzum, im 100-Jahre-Leben geht es nicht nur um die Zukunft. Es geht auch um Heute.

Oder andersrum: Es geht nicht nur um Heute. Sondern auch um die Zukunft.

Jetzt, ganz zum Schluss, noch ein letzter Punkt. Ein Punkt, den Daniel Crosby in seinem Vorwort anspricht: Es geht nicht nur um Sie. Ja, wir haben bis hierhin *Ihren* Finanzplan erarbeitet, der *Ihre* finanzielle Situation berücksichtigt, was *Ihnen* kurz-, mittel- und langfristig Lebensfreude und Lebenssinn gibt, der *Ihr* Money-Mindset berücksichtigt und so weiter.

Idealerweise jedoch bestreiten Sie Ihr 100-Jahre-Leben nicht allein, sondern mit Ihnen nahestehenden Personen: mit Ihrer Familie, Freunden, einem Lebenspartner und anderen wertvollen sozialen Bindungen. Die Harvard-Studie zur Erwachsenenentwicklung, eine der längsten Studien ihrer Art, zeigt, dass die Qualität der zwischenmenschlichen Beziehungen der stärkste Indikator für gesundes Altern ist.[83] George Vaillant, der die Studie über drei Jahrzehnte leitete, betonte in seinem Buch »Aging Well«, dass stabile und unterstützende Beziehungen das langfristige Wohlbefinden am meisten fördern. Menschen, die im Alter von 50 Jahren mit ihren Beziehungen zufrieden waren, waren im Alter von 80 Jahren gesünder.[84]

Deshalb gilt: Der Pfad zu Glück und Wohlstand im 100-Jahre-Leben wird von starken und unterstützenden Weggefährten begleitet. Der Finanzplan- und Lebensplan berücksichtigt sie entsprechend.

Ich wünsche Ihnen viel Glück und Erfolg.

Oder eher: viel ausgewogene Freude.

Dank

Obwohl mein Name auf dem Cover steht, haben viele fleißige Hände und kluge Köpfe zu diesem Werk beigetragen.

Mein erstes und riesiges Dankeschön geht an Andy Manson, CMO bei Aegon UK. Er hat nicht nur frühzeitig das Potenzial dieses Projekts erkannt, sondern mir auch den Freiraum gegeben, es zu erkunden und weiterzuentwickeln – und das in einer Firma, die ohnehin schon genug technische, finanzielle und kundenorientierte Ziele hat.

Großer Dank gebührt außerdem meinen unmittelbaren Kollegen im Team. Iain O'Connor, mein Vorgesetzter, stand mir über die Jahre hinweg mit Rat und Tat zur Seite und unterstützte mich tatkräftig dabei, meinen eigenen Weg zu finden. Ebenso danke ich Tereza Anderson, Claire Shanks, Emily Shipp und Mauro Renna vom Centre for Behavioural Research, die einen Großteil der hier erwähnten Studien mitgestaltet haben.

Ein Hoch auf meine kritischen Leser Cameron Waldron und Mike Mansfield sowie auf Neil Bage, Chris Budd, Brian Portnoy, Sarah Newcomb, Steven Cameron und viele andere, die mir mit ihren scharfsinnigen Kommentaren und inspirierenden Gesprächen neue Perspektiven eröffnet haben.

Während des Schreibens wurde mir immer wieder bewusst, wie sehr meine sozialanthropologische Ausbildung mich geprägt hat. Ein besonderer Dank geht daher an meine Lehrer an der Humboldt-Universität, vor allem an Prof. Dr. Jörg Niewöhner und den unvergessenen Prof. Stefan Beck.

Ein herzliches Dankeschön auch an das GABAL-Team. Besonders danke ich André Jünger, Nadine Feßler und Anja Hilgarth, die mein Manuskript mit ihrem Lektorat veredelt hat. Alle verbliebenen Fehler gehen auf meine Kappe.

Zum Schluss danke ich meiner Frau Josi. Wahrscheinlich liest sie diese Zeilen ohnehin nicht, weil sie inzwischen so viele Versionen vorher kommentiert hat, dass sie das Interesse am Endergebnis komplett verloren hat. Nichtsdestotrotz, vielen Dank, dass du mir den Rücken freigehalten hast und stets ein offenes Ohr für alles hattest. Ich freue mich auf alles, was vor uns liegt.

Anmerkungen

1 Zum Beispiel unter: https://www.zeit.de/2023/34/berufswechsel-lokfuehrer-augenarzt oder: https://www.berliner-zeitung.de/mensch-metropole/ingmar-zoeller-berlin-s-bahn-gleiswechsel-warum-ein-augenarzt-jetzt-s-bahnen-durch-berlin-steuert-li.429707
2 https://www.businessinsider.de/karriere/international-career/ich-habe-job-an-chat-gpt-verloren-arbeite-jetzt-in-einem-supermarkt/ oder: https://futuriq.de/2023/07/chatgpt/sie-hat-ihren-job-wegen-chatgpt-verloren-und-erzahlt-uns-ihre-geschichte/118300/
3 Rosenberg, Martina: Mutter, wann stirbst du endlich? Wenn die Pflege der kranken Eltern zur Zerreißprobe wird. München: Blanvalet Taschenbuch Verlag, 2014
4 Gratton, Lynda; Scott, Andrew J.: The 100-Year Life: Living and Working in an Age of Longevity. London: Bloomsbury Publishing, 2016
5 Mehr zu Oliver Noelting lesen Sie und hören Sie z.B. hier: https://www.spiegel.de/familie/rente-mit-40-und-frugalismus-mit-weniger-geld-zum-gluecklicheren-leben-a-ff697155-2393-4291-8b8d-21a9a090d88e
6 Ehre, wem Ehre gebührt: Diese Idee habe ich Paul Armsons Buch »Enough? How Much Money Do You Need for The Rest of Your Life« (2016) entnommen.
7 Mann, Thomas: Die Buddenbrooks – Verfall einer Familie. Frankfurt: Fischer Taschenbuch, S. 590
8 Padley, Matt; Shepherd, Claire (2021): Retirement living standards in the UK in 2021. Loughborough University, Centre for Research in Social Policy, 2021. Online: https://www.retirementlivingstandards.org.uk/Retirement-living-standards-in-the-UK-in-2021.pdf
9 Padley, Matt; Shepherd, Claire (2021): Retirement living standards in the UK in 2021. Loughborough University, Centre for Research in Social Policy, 2021. Online: https://urldefense.com/v3/__https://www.retirementlivingstandards.org.uk/Retirement-living-standards-in-the-UK-in-2021.pdf__;!!LTKUihUYLQ!Imbe4jKOZmdeKAlt6WeD8TV3_UAAAqKcqdRN8trv-lO6dPwgoe-PDzYPsYxFZ_9WruhlYng9G5XtPvw7Ea2I9gFBm$, S. 22

10 Padley, Matt; Shepherd, Claire (2021): Retirement living standards in the UK in 2021. Loughborough University, Centre for Research in Social Policy, 2021. Online: https://www.retirementlivingstandards.org.uk/Retirement-living-standards-in-the-UK-in-2021.pdf, S. 11

11 So z. B. zu lesen bei Kahneman: Kahneman, Daniel; Deaton, Angus: High income improves evaluation of life but not emotional well-being. Proceedings of the National Academy of Sciences, 2010. 107 (38), 16489–16493. DOI: 10.1073/pnas.1011492107

12 https://gutezitate.com/zitat/237796

13 Vallely, Lois (2023): Weekend Essay: I have a confession ... London: Money Marketing. Online: https://www.moneymarketing.co.uk/opinion/weekend-essay-i-have-a-confession

14 Ashraf, Nava; Karlan, Dean; Yin, Wesley: Tying Odysseus to the Mast: Evidence From a Commitment Savings Product in the Philippines, The Quarterly Journal of Economics, Volume 121, Ausgabe 2, Mai 2006. S. 635–672, https://doi.org/10.1162/qjec.2006.121.2.635

15 Housel, Morgan: The Psychology of Money: Timeless lessons on wealth, greed, and happiness. London: Harriman House, 2020

16 Darunter z. B. Lars Kroijer, nachzulesen in seinem Buch: Investing Demystified: How to Create the Best Investment Portfolio Whatever Your Risk Level. London: FT Publishing International, 2017

17 Z. B. die Untersuchung von Charles Widger und Daniel Crosby: Personal Benchmark: Integrating Behavioral Finance and Investment Management. Hoboken: Wiley, 2014

18 Mathar, Thomas: Cleveres Krisen-Mindset – Strategie für schwankende Märkte. Offenbach: GABAL Verlag, 2024

19 Mehr dazu bei Gerd Gigerenzer: Risk Savvy: How to Make Good Decisions. New York: Penguin Books, 2014

20 Warren, Elizabeth; Tyagi, Amelia Warren: All Your Worth: The Ultimate Lifetime Money Plan. New York: Free Press, 2006

21 Winnicott, Donald W.: The Maturational Processes and the Facilitating Environment: Studies in the Theory of Emotional Development. London: Hogarth Press, 1965

22 Die Studienergebnisse kann man im Blog meiner Website nachlesen: https://www.10bausteine.de/financial-wellbeing-blog/finanzielle-bildung-ist-unwissenheit-wirklich-das-problem-oder-nur-eine-faule-ausrede

23 Housel, Morgan: The Psychology of Money: Timeless lessons on wealth, greed, and happiness. London: Harriman House, 2020, S. 15–24

24 Mehr über den »inneren Affen« können hier lesen: Peters, Steve: My Hidden Chimp. London: Lagom, 2023

25 Kahneman, Daniel: Schnelles Denken, langsames Denken. München: Penguin Random House, 2012
26 Mullainathan, Sendhil; Shafir, Eldar: Knappheit – Was es mit uns macht, wenn wir zu wenig haben. Frankfurt: Campus Verlag, 2013
27 Crosby, Daniel: Behavioural Investor. Petersfield: Harriman House, 2018, S. 118
28 Crosby, Daniel: Behavioural Investor. Petersfield: Harriman House, 2018, S. 62
29 Burnett, Dean: Emotional Ignorance: Lost and Found in the Science of Emotion. Guardian Faber: London, 2023
30 Graeber, David: Debt: The First 5,000 Years. Brooklyn, NY: Melville House, 2011
31 Harari, Yuval Noah: Eine kurze Geschichte der Menschheit. München: Pantheon Verlag, 2015
32 Harari, Yuval Noah: Eine kurze Geschichte der Menschheit. München: Pantheon Verlag, 2015, S. 223
33 Brown, Brené: Atlas of the Heart: Mapping Meaningful Connection and the Language of Human Experience. New York: Random House, 2021
34 Cash for Kids. Why policies to boost birth rates don't work. London: The Economist, 25th May 2024. S. 9
35 Deutsche Rentenversicherung: Die Geschichte der Deutschen Rentenversicherung. Berlin: Online: https://www.deutsche-rentenversicherung.de/DRV/DE/Ueber-uns-und-Presse/Historie/historie_detailseite.html
36 Office of National Statistics: Estimates of the very old, including centenarians, UK: 2002 to 2019. London: Online: https://www.ons.gov.uk/peoplepopulationandcommunity/birthsdeathsandmarriages/ageing/bulletins/estimatesoftheveryoldincludingcentenarians/2002to2019
37 Jasilionis, Domantas; van Raalte, Alyson; Klüsener, Sebastian; Grigoriev, Pavel: The underwhelming German life expectancy. European Journal of Epidemiology, 2023. DOI: 10.1007/s10654-023-00995-5
38 Woolf, Steven H.; Chapman, Derek A.; Buchanich, Jeanine M.; Bobby, Kimberley J.; Zimmerman, Elizabeth B.; Blackburn, Steven M.: Changes in midlife death rates across racial and ethnic groups in the United States: systematic analysis of vital statistics. BMJ. 2018. https://www.bmj.com/content/362/bmj.k3096. – Leon, David A; Jdanov, Dmitry; Shkolnikov, Vladimir M.: Trends in life expectancy and age-specific mortality in England and Wales, 1970–2016, in comparison with a set of 22 high-income countries: an analysis of vital statistics data. London: The Lancet, 2019. – Case, Anne; Deaton, Angus. Rising morbidity and mortality in midlife among white non-hispanic Americans in the 21st century. Proceedings

of the National Academy of Sciences of the United States of America. 2015;112(49):15078–83. – Child Poverty Action Group: The Austerity Generation. The impact of a decade of cuts on family incomes and child poverty. London: Online: https://www.yhphnetwork.co.uk/media/1496/the-austerity-generation-the-impact-of-a-decade-of-cuts-on-family-incomes-and-child-poverty-cpag-2017.pdf

39 OECD: Pensions at a Glance 2023 – OECD and G20 Indicators, Paris. Online: https://www.oecd-ilibrary.org/docserver/678055dd-en.pdf?expires=1704993107&id=id&accname=guest&checksum=7E16EE91433B65D65F20ED7B696C815D, S. 215

40 Hoffmann, Maren: Was muss sich ändern, damit wir länger arbeiten wollen? Hamburg: Der Spiegel, 2023. Online: https://www.spiegel.de/karriere/ruhestand-was-muss-sich-aendern-damit-wir-laenger-arbeiten-wollen-a-10a9b2fa-57bc-4ccc-b4dc-7312e46ad3fb

41 Ersner-Hershfield, Hal; Wimmer, G. Elliott; Knutson, Brian: Saving for the future self: Neural measures of future self-continuity predict temporal discounting, Social Cognitive and Affective Neuroscience, Volume 4, Ausgabe 1, März 2009, S. 85–92

42 Carr, Evan W.; Reece, Andrew; Kellerman, Gabriella Rosen; Robichaux, Alexi: The Value of Belonging at Work. Cambridge, MA: Harvard Business Review, 2019

43 King, Katherine: I Just Retired. Why Am I Unhappy? New York City: Psychology Today, 2021. Online: https://www.psychologytoday.com/us/blog/lifespan-perspectives/202106/i-just-retired-why-am-i-unhappy

44 Levitin, Daniel: The Changing Mind: A Neuroscientist's Guide to Ageing Well. London: Penguin Life, 2021

45 Scott, Andrew: The Longevity Imperative. Building a Better Society for Healthier, Longer Lives. London: Basic Books, 2024, S. 1–4

46 Goldman, Lee: Three Stages of Health Encounters Over 8000 Human Generations and How They Inform Future Public Health. American Journal of Public Health, 2018

47 Bocquet-Appel, Jean-Pierre: When the World's Population Took Off: The Springboard of the Neolithic Demographic Transition. Washington, DC: Science, vol. 333, no. 6042, 2011, S. 560–561

48 Leyhausen, Frank: Mitarbeiterbindung post Rente – Die übersehene Ressource. Bonn: managerSeminare, Heft 306, 2023. Online: https://www.managerseminare.de/ms_Artikel/Mitarbeiterbindung-post-Rente-Die-uebersehene-Ressource,283774

49 Sontag, Susan: The Double Standard of Aging. London: Saturday Review, September 23, 1972

50 Buss, David M.: Sex differences in human mate preferences: Evolutionary hypotheses tested in 37 cultures. Behavioral and Brain Sciences, 12(1), 1989, 1–14
51 Zuk, Marlene; Simmons, Leigh W.: Sexual Selection – a very short introduction. Oxford: Oxford University Press, 2018
52 Thornhill, Randy; Gangestad Steven W. Human facial beauty: Avergeness, symmetry, and parasite resistance. Human Nature. 1993 Sep 4(3):237-69, und Grammer, Karl; Fink, Bernhard; Møller, Anders P; Thornhill, Randy: Darwinian aesthetics: Sexual selection and the biology of beauty. Biological Reviews 78.3, 2003: 385–407
53 Shields, Ali; Nock, Michael R; Ly Sophia; Manjaly, Priya; Mostaghimi, Arash; Barbieri, John S. Evaluation of Stigma Toward Individuals With Acne. JAMA Dermatology. 2024;160(1):93–98
54 Buss, David M.: The Evolution of Desire: Strategies of Human Mating. New York City: Basic Books, 2003
55 Sokolovsky, Jay: The Cultural Context of Aging: Worldwide Perspectives. London: Bloomsbury, 2008
56 Lock, Margaret: Encounters with Aging: Mythologies of Menopause in Japan and North America. Berkeley: University of California Press, 1993
57 Karpf, Anne: How to Age. London: The School of Life, 2014
58 Kinder, George: The Seven Stages of Money Maturity: Understanding the Spirit and Value of Money in Your Life. New York: Random House, 1999
59 Burnett, Dean: Happy Brain: Where Happiness Comes From, and Why. Guardian Faber: London, 2018
60 Aristotle: The Nicomachean Ethics. Oxford: Oxford University Press, 2016
61 De Botton, Alain: The School of Life – an Emotional Education. London: Penguin, 2019
62 Dolan, Paul: Absichtlich glücklich – Wie unser Tun das Fühlen verändert München: Pattloch, 2015
63 Dolan, Paul: Absichtlich glücklich – Wie unser Tun das Fühlen verändert München: Pattloch, 2015, S. 31–52
64 Kwon, Oh-Hyun.; Hong, Inho; Yang, Jung; Wohn, Donghee Y.; Meeyoung, Cha: Urban green space and happiness in developed countries. EPJ Data Science. 10, 28 (2021). – Astell-Burt, Thomas, Hartig, Terry; Eckermann, Simon; Nieuwenhuisen, Mark; McMunn, Anne; Frumkin, Howard; Feng; Xiaoqi, Feng: More green, less lonely? A longitudinal cohort study. International Epidemiological Association, 2021, 1–12
65 Deci, Edward L.; Ryan, Richard M.: The »What« and »Why« of Goal Pursuits: Human Needs and the Self-Determination of Behavior. Psychological Inquiry, 11(4), 2000, 227–268

66 Portnoy, Brian: The Geometry of Wealth: How to shape a life of money and meaning. Petersfield: Harriman House, 2018. S. 143
67 Lewis, Paul: »Our minds can be hijacked«: the tech insiders who fear a smartphone dystopia. London: The Guardian, 2017. Online: https://www.theguardian.com/technology/2017/oct/05/smartphone-addiction-silicon-valley-dystopia
68 In einer neuen Studie untersuchten die Ökonomen Liran Einav, Benjamin Klopack und Neale Mahoney, wie sich der Austausch von Zahlungskarten auf Abonnement-Kündigungen bei zehn beliebten Diensten auswirkt. Sie fanden heraus, dass die Erinnerung an ein Abonnement durch die Aufforderung zur Aktualisierung der Zahlungsinformationen häufig zu sofortigen Kündigungen führt, wobei die Kündigungsrate von 2 % auf mindestens 8 % anstieg. Die Forscher schätzen, dass Abonnenten im Durchschnitt 20 Monate länger als nötig brauchen, um nicht mehr gewünschte Abonnements zu kündigen. https://www.nber.org/papers/w31547
69 Ramadan, Zahy: Fooled in the relationship: How Amazon Prime members' sense of self-control counter-intuitively reinforces impulsive buying behavior. Journal of Consumer Behavior. Volume 20, Issue 6, November/December 2021, S. 1497–1507
70 European Commission: Behavioural study on unfair commercial practices in the digital environment. Dark patterns and manipulative personalisation: final report. Brussels, 2022. Online: https://op.europa.eu/en/publication-detail/-/publication/606365bc-d58b-11ec-a95f-01aa75ed71a1/language-en/format-PDF/source-257599418
71 Im A/B Test werden verschiedene Annahmen parallel getestet – die erfolgreiche wird umgesetzt. Die getesteten Annahmen entstammen häufig psychologischen, verhaltenswissenschaftlichen oder evolutionspsychologischen Erkenntnissen. Reiseanbieter wissen zum Beispiel aufgrund von A/B-Tests, dass ein Flug oder eine Unterkunft eher dann gebucht wird, wenn suggeriert wird, dass so und so viele andere Urlauber ebenso drauf und dran sind, diese Reise zu buchen.
72 Housel, Morgan: The Psychology of Money: Timeless lessons on wealth, greed, and happiness. London: Harriman House, 2020
73 Skowronek, Jeanette; Seifert, Andreas; Lindberg, Sven: The mere presence of a smartphone reduces basal attentional performance. Scientific Reports 13, 2023
74 Eyal, Nir: Hooked: Wie Sie Produkte erschaffen, die süchtig machen. München: Redline Verlag, 2014
75 Lahitou, Jessicah: Silicon Valley Parents Choose Low & No Tech Schools. What About Your Kid's School? Pasadena: The Good Men Project, 2018.

Online: https://goodmenproject.com/uncategorized/silicon-valley-parents-choose-low-no-tech-schools-thats-probably-not-the-tech-policy-at-your-kids-school
76 Hersch, Fred: Good things happen slowly – a life in and out of Jazz. New York City: Crowne Archetype, 2017
77 Hershfield, Hal E.: Goldstein, Daniel G.: Sharpe, William F.: Fox; Jesse, Yeykelvis, Leo; Carstensen, Laura L.; Bailenson, Jeremy: Increasing saving behavior through age-progressed renderings of the future self. Chicago: Journal of Marketing Research, 48, 2009
78 Ashraf, Nava; Gharad, Bryan; Delfino, Alexia; Holmes, Emily, Iacovone, Leonardo; People, Ashley: Learning to see the world's opportunities: The Impact of Imagery on Entrepreneurial Success. Working Paper, 2022. Online: https://poverty-action.org/publication/learning-see-world%E2%80%99s-opportunities-impact-imagery-entrepreneurial-success
79 In der folgenden Zusammenfassung der Studie benutze ich die weibliche Schreibweise, da der Fokus der Studie selbst auf Frauen lag und 58 % der Teilnehmerinnen Frauen waren. Der Grund für den Fokus: Frauen wiesen höhere Trauma- und Stresslevel auf und hatten weniger Geschäftserfahrungen. Sie hatten höhere Werte auf der Depression- und Angst-Kessler-Skala im Vergleich zu Männern. Diese Faktoren machten das Imagery-Training, das Vorstellungs-Training, besonders interessant für Frauen, obwohl die Erkenntnisse der Studie auch für Männer von Bedeutung sind, da die Techniken der mentalen Visualisierung und die Verknüpfung von emotionalem und kognitivem Lernen potenziell für beide Geschlechter nützlich sein können.
80 Hershfield, Hal: Your Future Self. How to make tomorrow better today. London: Piatkus, 2023
81 Covey, Stephen R.: Die 7 Wege zur Effektivität. Prinzipien für persönlichen und beruflichen Erfolg. 57. Auflage. Offenbach: GABAL Verlag, 2021
82 Ersner-Hershfield, Hal; Wimmer, Elliott G; Knutson, Brian: Saving for the future self: Neural measures of future self-continuity predict temporal discounting. Oxford: Social Cognitive and Affective Neuroscience, Volume 4, Ausgabe 1, 2009
83 Harvard Study of Adult Development, https://www.adultdevelopmentstudy.org/
84 Vaillant, George: Aging Well: Surprising Guideposts to a Happier Life from the Landmark Study of Adult Development

Über den Autor

Dr. Thomas Mathar ist promovierter Sozialanthropologe (Humboldt-Universität zu Berlin) und absolvierte später eine Ausbildung zum Verhaltensökonom an der London School of Economics. Heute leitet er das *Centre for Behavioural Research* bei *Aegon UK*, einer der größten Investitionsplattformen in Großbritannien. In dieser Funktion führt er ein Team aus Psychologen und Verhaltenswissenschaftlern, das sich der Frage widmet, wie Menschen bessere langfristige Entscheidungen treffen können, um ein schönes und glückliches Leben zu führen.

Als Autor hat Dr. Mathar die Bücher »Financial Wellbeing«, »Cleveres Krisen-Mindset« und »Der Weg zu Glück und Wohlstand im 100-Jahre-Leben« veröffentlicht (alle beim GABAL Verlag; Letzteres auch auf Englisch). Alle Werke befassen sich mit den Prinzipien eines finanziell ausgeglichenen Lebens und der Bedeutung von Geld für glückliche, lange Leben. Sein Blog läuft auf www.10bausteine.de.

In Deutschland tritt Dr. Mathar regelmäßig als Speaker auf und behandelt Themen wie »Wie viel Geld brauchen wir, um glücklich zu sein?« und »Was will mein zukünftiges Ich?«.

Darüber hinaus ist er als Trainer und Dozent in den Bereichen Verhaltenswissenschaften, Finanzpsychologie und Financial Wellbeing tätig. Seine Kurse, die unter anderem im Angebot der *GOING PUBLIC! Akademie für Finanzberatung* zu finden sind, zielen darauf ab, Finanzberater zu menschenzentrierten Wellbeing-Maximierern statt nur zu Performance-Maximierern zu entwickeln.

Ursprünglich aus Hamburg, lebt Dr. Mathar jetzt mit seiner Familie im Stadtzentrum von Edinburgh.

JEDER CENT GUT INVESTIERT!

GLEICH WEITERLESEN?

In unseren **Finanzratgebern** liefern ausgewiesene Expertinnen und Experten wertvolle Insights zu Vermögensaufbau, privater Finanzplanung und Geldanlage.

Scannen Sie den QR-Code und lassen Sie sich von den **Leseproben unserer Finanzratgeber** inspirieren. Ihr Lieblingsbuch bestellen Sie anschließend mit einem Klick beim Shop Ihrer Wahl!

gabal-verlag.de
gabal-magazin.de

DIE COVEY-BIBLIOTHEK: DER SCHLÜSSEL ZU DEINEM PERSÖNLICHEN ERFOLG

GLEICH WEITERLESEN?

Entdecke noch mehr **Tipps, Tricks und Praxis-Hacks** für ein erfolgreiches, glückliches Leben. Scanne den QR-Code – und schon kommst du zu unserer **Covey-Bibliothek**.

Hier warten spannende **Leseproben** zu den Themen **Erfolg, Persönlichkeitsentwicklung** und **Besser leben** auf dich. Finde dein Wunschbuch und bestelle es ganz bequem mit nur einem Klick.

gabal-verlag.de
gabal-magazin.de

UNSERE NEWSLETTER

→ Leseprobenservice

- Spannende Einblicke in unsere neuen Bücher
- Jeden Monat ausgewählte Leseproben direkt in Ihr Postfach

Melden Sie sich an unter
leseprobe@gabal-verlag.de!

→ GABAL Newsletter

- Ihr Navigator durch Themen, Trends und News aus Wirtschaft, Business & Karriere sowie persönliche Weiterentwicklung
- Jeden Monat aktuelle Neuigkeiten aus dem Verlag direkt in Ihr Postfach

Melden Sie sich an unter
www.gabal-verlag.de/newsletter!*

*Gleich QR-Code scannen und kostenfrei anmelden!

Alle Newsletter sind kostenfrei und jederzeit kündbar!

GABAL.
Wissen vernetzen

Bei uns treffen Sie Entscheider, Macher ... Persönlichkeiten, die nach vorn wollen

Seit 1976 bildet GABAL e.V. ein Netzwerk für Menschen, die sich und ihr Business weiterentwickeln möchten.

„Austausch, Praxisnähe, Inspiration und Professionalität – dafür ist GABAL e.V. mit seinen Angeboten ein Garant."
(Anna Nguyen, Unternehmer)

GABAL e.V.
www.gabal.de

Neugierig geworden? Besuchen Sie uns auf www.gabal.de/mitglied-werden/leistungspakete